リテールAI
最強マネタイズ

はじめに

私はこれまで、マスコミに出ないようにしていましたが、このたび、この本を書こうと決意しました。まずは、「マスコミに出ないと決めた理由」と、そんな私が「本を出そうと思ったきっかけ」をお話しします。

マスコミに出ないのは「戒め」

そもそも私がマスコミに出ないと決めたのは、20代のときに成功と失敗を経験したからです。20代の私はビジョンもなく、ただ事業を大きくして成功したいと考え、かりそめの成功を手にして舞い上がり、天狗になっていました。しかし、ビジョンのない事業など長続きするはずもなく、すぐに歪みが生じ、崩壊していきます。30歳になる頃には、事業は完全に崩壊しました。そのときは自殺を考えたほど追い込まれ、車の中で一人泣いたこともありました。しかし、運が味方して32歳の時に土地が売れ、30億円近くを得ることができました。そのお金で、今回の反省を元に自分に何ができるのか、何をしたら失敗しないのかを勉強しようと決意し、すぐにビジネスを行わず、ビジネスの本質を求めてアメリカへと旅立ちました。

その時にウォルマートと出合いました。同社が実践している流通システムを日本で実現できれば、「お客様の役に立てる」と確信して、その研究を徹底的に行い、スーパーを主軸にしたスーパーセンターという業態で小売業に進出します。

私は、私利私欲ではないビジョンを達成するために本質を見つめ続けていきたいと、20代の失敗から学び、その戒めとしてマスコミに出ることは控えてきました。ここで、ご理解いただきたいのは、マスコミに出て、自分の事業やビジョンを伝えること自体を悪いと言っているのではないということです。私の場合はマスコミという力の中で自分の本質を見失う可能性が高いことを実際に経験したからこそ、このような「戒め」を持ちました。

なぜなら、マスコミに出ることで知名度が上がり、多くのしがらみが生まれ、身動きが取れなくなることが多々あるからです。最悪の場合、マスコミに出るのが目的になり、本来のビジネスからは、かけ離れたところに注力することで、ビジョンを忘れてしまう可能性さえあります。

20代の頃の私は、ユニークな手法で事業に成功した事で雑誌等に取り上げられました。雑誌でセンセーショナルに取り上げられ、私は虚栄心に飲み込まれ、実力以上に自分を見せたいと思うようになります。結果、自分を冷静に見つめることが出来ず、自分を見失っていきます。さらに雑誌などで述べた戦略は、それが間違っていたと気が付いても見栄が邪魔をして、修正も取り消しもできない状態に陥り、事業が失速してしまいました。

マスコミには第四の権力といわれるほど大きな力があります。いくら自分をしっかり持とうとしても、その権力の中での対応・反応が心地よく、マスコミに出ることが中毒化してしまい、結果として本質を忘れていくことを危惧し、私はマスコミに出ないようにしてきたのです。

また、事業が失敗した後の猛勉強をしている時期に陽明学者である安岡正篤氏の「有名無力無名有力」という言葉に出合います。この言葉は有名になるにつれていろいろなしがらみが増え、自分自身を掘り下げられなくなる一方で、誰にも知られていなくても、自分を見つめ成長するために時間を使うことで、力をつけられることを意味しています。つまり、ビジョンを忘れずに直向きに努力を継続することが大切だと、この言葉は教えてくれました。

20代の失敗から学び、マスコミに出ることなく本質を見つめ続け、ビジョンを達成するためには何が私には必要なのかを、常に自分自身に問いながら30年間過ごし、売り上げ４０００億円規模に会社を成長させることができました。

本を出版しようと思ったきっかけ

そんな私が今、なぜ本を出そうと思ったのか、その「きっかけ」をお話しします。それは、ＡＩの可能性を多くの人に広く伝えたいという思いに駆られたからです。

私は、20代の頃、自身でプログラミングをするエンジニアであり、コンピューターの可能性を１９７０年代には感じていました。その後、30代でアメリカに行きウォルマートと出合ったことは先ほど述べたとおりです。そしてこのコンピューターに代表されるＩＴ技術と流通とを融合する事ができれば、より効率的な流通システムが実現できるのではないかと考え、多くの事柄を学ぶなかで、ＩＴと流通の融合によるビジネスの可能性を確信するようになります。そして、「ＩＴで流通を変え、お客様の役に立つ」というビジョンを掲げ、小売業参入から30年以上、ＩＴ技術と小売業とを融合させようと事業を展開してきました。

私は常に最先端技術に注目し、学ぶ姿勢を保ち続け、第四次産業革命の中心技術でＡＩの可能性にも気が付き、「ＡＩで産業構造を変える」というビジョンも持つようになりました。後で詳しく述べますが、ＡＩを事業として成立させ、収益化をするには「内と外」の両面からのアプローチが必要になります。内は自社組織改革と教育の見直し、外は企業間の連携です。企業間の連携の基礎になるのは、「ＡＩをマネジメントすることへの知識理解」です。

そのために、当初は直接お会いしながら、取引相手や関係各所にＡＩの重要性を説明していましたが、なかなか話が進みません。その原因は、ＡＩへの認識の「曖昧さ」と「理解の困難さ」があります。皆さんＡＩを「何となく」理解しているのですが、実際にはどう活用していいのか分からない状態であるため、具体的な一歩を踏み出せずにいました。野村証券の社長とお会いしたときに、私が感じているＡＩに対する経営陣達の認識不足に対する危機感を相談させていただいたところ、「日本経済の状態は現在良いのですが、日本の経営者の多くは将来に対して、明確な見通しが立たないことに不安感を持っています。特に、ＡＩに関しては、ほとんどの経営者や経営幹部達は、その重要性は感じているものの、実際にどのような影響を自身の会社に及ぼすのかはつかみきれていないようです。」とおっしゃっていました。確かに、直接お会いしてＡＩを説明することで、私の情熱は伝わるかもしれませんが、それだけでＡＩを理解するのは、ＡＩの性質からして難しいと感じました。

こうした状況を打破する方法はないかと考えているときに、知人がリテールＡＩ研究会を立ち上げ、インタビューをしたいと依頼がありました。私は迷いながらも、インタビューを受けることを決めました。そのインタビューを受ける中で、マネジメントとＡＩがどのように関係しているのかを文字にすることで、広く伝えられると考え、本を書こうと決意しました。本という形にすれば、多くの人にマネジメントとＡＩとの関係を整理しながら、順序立てて説明できますと考えました。

オープン・イノベーションと時間軸

私が、本と言う形をとり「多くの人に伝えること」にこだわるのは、ＡＩとマネジメントを真に融合するには、多くの人や企業の協力が必要だと考えているからです。つまり、連携こそがＡＩ戦略を進める鍵となります。この考え方は、「オープン・イノベーション」と「時間軸短縮」へと繋がっていきます。

「オープン・イノベーション」は、第四次産業革命の一つのキーワードとなる概念です。これは外部組織同士が連携して、情報や技術を共有しながら戦略を進めていくという考え方です。しかし日本企業は特に、自分たちの技術で自分たちだけでビジネスを行う閉ざされた状態、「クローズド・イノベーション」の文化で成長してきました。この、クローズドな状態ではハイパーコネクト時代の中では、多くのマイナス面を持ってしまいます。具体的なマイナス側面としては、イノベーションの不確実性・研究開発の非効率などが挙げられますが、これらを改善しなければ最終的には時代に淘汰されていきます。さらに、第四次産業革命の急速な発展の渦中でクローズド・イノベーションで技術開発をしていくことは、大きな遅れをもたらします。なぜなら、第四次産業革命の技術進化は我々の想像を超えるスピードで進むだけでなく、新しい技術と技術が結びつき化学反応を起しながら、新しい技術が日々生み出されるからです。１つの組織だけで、この化学反応に対応していくことは不可能なのです。

弊社でも、「オープン・イノベーション」の下、他社の優れた技術は積極的に使いながら、我々が持っているデータや技術をいろいろな組織に公開・共有し、「連合体」を構築していこうと考えています。そうしない限り、今後より激しさを増すアメリカや中国との競争において、日本の優位性は確保できません。この具体的なオープン・イノベーションのやり方は後で詳しく説明しますが、我々が創業期から集積している顧客動向などのデータをＪＢＰ(1)を結んだメーカーなどに公開して、連携を深めていくことを想定しています。さらに、今後中国のエンジニア体制を２０００人規模にして、ＡＩ関連ソフトを構築し、その幾つかをオープンソースとして、リテールＡＩ構築へと貢献していこうと考えています。そのためにもＡＩの可能性を、多くの方に整理しながら伝えていく必要を強く感じています。

ＩＴ投資

ここまで読んで、「トライアルって小売業だよね？」と思っている方がいらっしゃるでしょう。確かに、トライアルグループの一般的なイメージは小売業ですが、実際は違います。先にも少し述べましたが、弊社は30年前に小売業に参入すると同時に、流通をＩＴで変えようと考え、創業期からＩＴへ多額の投資を行っています。その投資総額は３００億円にもなります。ここまで最先端技術に力を入れることには、私がビジネスを始めた時代背景が大きく影響しています。

(1) Joint business planの略。単に商品の仕入等で取引するのではなく、商品の販売促進や在庫管理等の共同で取り組む新しい取引形態をさす取り組みの事。

私の青年期である１９６０年代は第二次産業革命が一般社会に広がっていた時代でした。日本の技術が世界に認められ、家電、ビデオ、オーディオ機器が一般社会に急速に広がっていた時代の流れを目の当たりにし、20代でオーディオ機器を扱う電器屋を設立し、成功しました。

それと同時に第三次産業革命の胎動に気が付き、コンピューターの面白さに夢中になりエンジニアとしても働いていました。ＩＴの可能性に気が付いたのは、１９７０年代半ばにＺ８０(2)というＣＰＵ(3)が開発された頃です。この当時は、まだ個人用のパソコンが出る前でした。そして、失敗を経験した後の30代でウォルマートと出合い、そのシステムを日本でＩＴと融合しながら広めていければ、日本の流通システムを劇的に変えていけるのではないかと考えるようになりました。そこからは、勉強、勉強、勉強の毎日でした。そして、この勉強は今も続いています。

私は、ＩＴ技術を小売業にどのように活用できるかを、30年以上にわたり常に考えています。この考える姿勢によって、ＡＩの可能性にも気が付くことができました。「最先端技術と流通とを融合させる」という考えは、私にとっては当たり前のように存在していますが、当時は、周りには理解されません。小売業とＩＴとは全く異なる業種で、小売・流通業とＩＴとの融合は常識を打ち破るものだったからです。特に１９８０年代、90年代は、周りから異質なものに見られました。あるディスカウントストアの創業者とお話をしたときに、自分のＩＴに対する思いを説明したところ、その創業者の方は「永田さんはＩＴ屋なのか、流通屋なのか、どっちかはっきりしたほうがいいよ。」とおっしゃいました。私は、その方に「私は創業期から、ＩＴで流通を変えると言ってきました。しかし、ほとんどの人には信じてもらえなかったからこそ、自分で流通業に

(2) 1976年に開発された米国ザイログによって製造された８ビット・マイクロプロセッサー。

(3) CPUは、Central Processing Unitの略で、中央処理装置のこと。コンピュータにおける中心的な処理装置

進出し、ＩＴ技術を適用した戦略を実践して、お客様の役に立ちたいというビジョンを持っています。流通業も情報通信業も私にとっては一体で、切り離しては意味がないのです」とお伝えしました。

私は、最先端技術に対して創業期から興味を持ち続け、40年という長い時間をかけながら学び、経常利益を圧迫させない範囲で投資を行い、戦略を展開しながら、いろいろな経験を積んできました。だからこそ、ＡＩの重要性を認識できているのだと思います。私と最先端技術は常に一緒に歩んできました。

これまでのＩＴ事業への取り組み

そんな私とＩＴ事業の、これまでの歩みを簡単にご紹介します。まずは、流通ソフトを開発しようと考え、ＮＥＣの下請けとなります。弊社が流通業に参入した１９８０年代はＮＥＣの製品がパソコン市場で大きな力を持っており、日本のパーソナルコンピューターを席巻していました。その拡大するスピードは家電が広まるスピードよりもはるかに速く感じました。圧倒的優位性を誇るＮＥＣとの関係を強化し、パーソナルコンピューターのソフトを作ることが、流通ソフトを作る近道だと考えていました。しかし、コンピューター産業の勢力図に変化が表れ、ＩＢＭのDOS/Vの時代が訪れて、そしてマイクロソフトが世界のシェアを一気にとります。このままＮＥＣの下請けとして、ソフトを作っていても発展性がないと感じ、２００３年から中国に独自のエンジニア体制を構築し、流通ソフトの開発にまい進したのです。多い時には７００人のエンジニアでソフト開発し、独自のデータベースエンジンであるSMARTや、携帯端末であるペイサーを開発するなど、流通業で使うコンピューター技術を独自に開発してきました。これらの独自技術をアメリカで普及させようと、シリコンバレーでスタートアップを試みたりもしました。そして、現在はＡＩの体制を国内外で再構築し、我々が持っているビッグデータを解析できるＡＩソフトを開発しながら、さらなるデータ収集をしていくために、カメラ開発を行っています。

もちろん、これらすべてが成功したわけではありません。むしろ失敗の繰り返しでしたが、常に最先端技術を考えながら小売業を行ってきたことで、競合他社にはない最先端技術へのアンテナや経験値を形成できました。これらはこれからＡＩを収益事業化していく上で、貴重な要素となります。

残された時間は数年

第二次産業革命、第三次産業革命のなかでビジネスを展開してきた経験値を持っているからこそ、私は日本の経済全体の、ＡＩ技術に対する「鈍感さ」に危機感を持っています。ＡＩでインセンティブを握れるかどうかは、ここ1~2年が勝負だからです。１９８０年代から本格化した第三次産業革命の中心技術であるコンピューター部門では、MicrosoftやAppleといった企業が中心的存在を担いました。第一次から始まる各産業革命の中核となった存在は、その後の世界で大きな影響力を持ちます。第一次産業革命はイギリス、第二次産業革命はアメリカやドイツ、第三次産業革命の時は、アップルやマイクロソフトです。ここで、第一次・第二次と第三次では大きな違いがあります。第一次・第二次は機械の「燃料」による生産性の効率化でしたが、第三次以降は「製品事体」が大きな影響をもたらすことになります。この傾向は、第四次産業革命でさらに加速すると考えています。第四次産業革命は、「サービス」であるプラットフォームビジネスが革命の中心になります。このプラットフォームを構築する中心的技術がＡＩであり、ＡＩを戦略にいち早く応用できた企業が「ファーストムーバー」としての地位を確立し、大きな影響力を持つことになります。この早い段階で事業展開する優位性を示す好例としてクラウドビジネスが挙げられます。クラウドビジネスで圧倒的なシェアを持っているのはAmazonの「ＡＷＳ」で、シェアは全世界で70％を超えています。私は、Googleの「ＧＣＰ」のビジネスレベルはＡＷＳと同じで、機械学習などの特定部門に関してＡＷＳより優れていると感じていたので、ＡＷＳの圧倒的なシェアを不思議に思いましたが、両者のサービス開始時期を見て納得しました。Amazonは、Googleよりも5年早くクラウドサービスを商品として販売していたのです。ＡＩ事業成功の鍵はスピードと企業間の連帯です。だからこそ、連帯とスピード感を得るためにもＡＩ事業に対する理解を深めてもらいながら、具体的な戦略を実施するための一歩を踏み出してほしいのです。

第四次産業革命の技術を各企業が具体的に認識し、活かすことができれば、日本はまた「Japan as Number One」の時代に返り咲くことができます。私の経験値からマネジメントと最新技術の融合をお伝えすることで、他業種のサービス業や製造業などの方にもＡＩとマネジメントを結びつける「興味」や「きっかけ」を私の本で持ってもらえたらと考えています。

ＡＩを理解することは簡単ではありません。なぜなら、単語のために単語を覚えるという状況が多発するからです。例えば「ＡＩ・人工知能とは何なのか」を学習しようとした時に、「機械学習」というワードが出てきます。「機械学習は何なのか」となると、その種類には「教師なし・教師あり・強化学習」がありますと説明され複雑化していきます。その他にも「ディープラーニング」という単語には、関連用語として「ニューラルネットワーク」という単語が出てきて、用語を説明している単語そのものが分からないために、知識を習得するのに多くの時間がかかります。多くの人たちは、この単語を調べていくうちに諦めてしまい、外注しようという考えに行き着くのだと思います。こうした状態を打破すべく、分かりやすい言葉でＡＩとマネジメントとの関係を説明することで、両者を結びつける第一歩を踏み出すお手伝いをできればと考えています。もちろん、最低限の知識は覚えなくてはなりませんが、技術の専門書とは違い、私の体験に基づきながら分かりやすく、「ＡＩと商売」の未来に対する私の考えを書いていきます。本書は全六章で構成しています。難しい単語のオンパレードで、途中で読むのを諦めてしまう読者もいらっしゃるかもしれません。諦めそうになった時には、第六章の後にある「最後に」を読んでみてください。私が、本書に込めた想いを書きました。

第四次産業革命は必ずやってきて、私たちの生活に大きな影響を与えます。そうであるならば、この大きなチャンスを自分から掴みにいくべきです。私には40年という最先端技術と向き合ってきた経験値から、ＡＩは流通を激変させ、今までの商習慣をも激変させる技術であると確信しています。私は、ＡＩのコードが書けるわけではありませんが、40年もの間「商売」と「ＩＴ」を常に考えながら歩んできた「経験値」があります。この経験値から、マネジメントとＡＩとの融合

を分かりやすく伝えながら、新しい風を起こしたいと強く思っています

第五章

時間軸短縮とオープン・イノベーション

第六章

実際の戦略

第一章

第四次産業革命とＡＩ

リテールAI

最近「第四次産業革命」という言葉を、いろいろなところで耳にする機会が増えました。私が、第四次産業革命の可能性に気が付いたのは、2年ほど前、ダボス会議創設者であるクラウス・シュワブ氏が書いた『第四次産業革命 ダボス会議が予測する未来』(1)という本との出合いがきっかけです。それ以前から、「第四次産業革命」というワードは耳にしていましたが、ただ言葉と概要を知っていたという状態にすぎませんでした。しかし、この本を読んで、自身の長年の目標であり、我々のビジョンである「ITと小売業とを融合させ、お客様の役に立つ」が、第四次産業革命によって、さらなる進化を遂げながら、ティピングポイントに達するのではないかという強い思いを抱きました。第四次産業革命の中心技術であるAIは、これまでITを駆使しながら、我々が数十年にわたり集めてきたデータを有効活用する手段です。AIを事業に活用することができれば、小売業・流通業だけではなく、あらゆる産業に影響を及ぼし、経済を活性化するとともに、社会構造全体に「変革」を起こせるのではないかと強く感じています。

本書で私が皆さんにお伝えしたいのは、「はじめに」でも述べましたが、「AIとマネジメントの融合」についてです。もちろん、必要に応じて単語や関連知識の説明を行いますが、主眼に置いていることは、「AIをマネジメントに活用する方法論」です。具体的にはAIという大きな影響力を持った技術を、実際の戦略にどう落とし込み、収益事業を成立させていくか、そのためには何が必要かということです。これをあらゆる側面から説明していこうと考えています。

本章では、「AIとマネジメントの融合」の具体的な解説をする前段階として、第四次産業革命とはどのようなもので、産業・経済・社会にどのような影響を与えるのかという概要部分を説

(1) クラウス・シュワブ『第四次産業革命 ダボス会議が予測する未来』2016/10/15日本経済新聞出版社

明していきます。ここで、第四次産業革命の影響力の大きさを理解し、その大きな波に乗り遅れてしまっては時代に取り残されてしまうという危機感を、改めて持ってもらいたいと考えています。第四次産業革命の概要部分を説明した後に、流通業界に焦点を絞って、ＡＩの影響がある具体的な分野を説明します。

第四次産業革命の概念を説明する前に、１つお願いしておきたいことがあります。概念・知識を、ただ「知っている」だけでは意味がありません。大切なことは、「自分たちの戦略に、得た知識や概念をどのように落とし込み、反映させるか」です。こうした意識を持つことが、「ＡＩ」と「マネジメント」との融合につながります。自分の身近なことと第四次産業革命やＡＩを関連させながら読み進めていってください。読み終えたときに、「何かやってみよう！」と思ってもらえれば、幸いです。

第四次産業革命～これまでの産業革命と比較して～

歴史の授業で、「産業革命」という言葉を聞いたことがあると思います。人類はこれまで３回の産業革命を経験しました。18世紀後半に「第一次産業革命」がイギリスでおこりました。以前は人間と家畜が産業全体の動力でしたが、18世紀後半の第一次産業革命により、蒸気や石炭を動力源とする軽工業を中心に経済発展をしたことで、社会構造にも大きな変化がもたらされました。手工業から機械動力への移行によって、生産性が一気に向上したのです。工場制機械工業の幕開けです。19世紀後半、アメリカやドイツを中心に始まった「第二次産業革命」では、電気や石油を新たな動力源とする重工業中心の経済発展を遂げ、社会構造もさらに大きく変化しました。エジソンが電球を発明したのもこの時期であり、電気を使うと夜でも作業をすることが可能になり、製品の生産量は飛躍的に増加しました。物流網が発展したことも相乗効果となり、大量生産・大量輸送・大量消費の時代が到来します。第二次産業革命の象徴でもあるフォード社のT型自動車は、流れ作業により大量生産が可能になりました。

そして、1970年代から始まった「第三次産業革命」は、コンピューターなどの電子技術を活用した超小型電子部品の研究や製造の関連技術が発展し、デジタル化が進んだことにより、「デジタル革命」とも呼ばれているものです。また、第三次産業革命後半の1990年代から2000年代にかけては、一定レベルまでインターネットが普及し、高速化や低価格化も進んできたため、情報通信技術をどう使いこなすかという点にスポットを当てたInformation Communication TechnologyといわれるICT革命が進みました。これが、第四次産業革命へとステップアップしていきます。

これまでの産業革命の歴史を見るだけでも、各産業革命を境に、経済の構造や企業活動の在り方が大きく変化していることが分かります。産業革命が進むごとに、人類の物理的・感覚的距離は縮まってきています。それに伴い、産業革命の影響力の拡散範囲と拡散スピードは、産業革命のたびに広範囲となり、速くなっています。第一次の代表的な紡績機がヨーロッパ全土に普及するには、約120年かかりました。しかし、第三次の中心技術であるインターネットが世界に広がるのに要した時間は10～20年でした。ハイパーコネクトと呼ばれる時代のなかで起こっている第四次産業革命が、世界に広がるのに要する時間はさらに短縮されるでしょう。

もう一つ産業革命の比較で注目すべきは、性質の変化です。第一次、第二次と第三次では大きな違いがあります。第一次と第二次は機械の「燃料」による生産性の効率化でしたが、第三次以降は「製品自体」が大きな影響力を持っています。さらに第四次では、「サービス」が革命の中心になります。この「サービス」は「プラットフォーム」と呼ばれ、影響を及ぼす範囲はこれまでよりも大きくなっていきます。

「プラットフォーム」とは英語で、「基盤」「土台」「場」といった意味を持ち、ビジネスで用いられる際は「不特定多数の顧客に対して複数のサービスを提供しており、更新が可能な環境」という意味で定義されます。代表例なプラットフォームビジネスとしては、ソーシャル・ネットワーク・サービスのFacebookやTwitter、電子商取引のAmazonなどが挙げられます。前述のクラウス・シュワブ氏の著書の中でも、世界の時価総額ランキングトップ10のうち6社は、プラットフォームを担う会社になっていると述べられています。２０１８年2月の時価総額ランキングでは、トップ10のうち7社はプラットフォームを構築している企業となっていました。この時価総額ランキングを見ても分かるように、既にプラットフォームビジネスが世界の中心的産業になっています。

しかし、その中心はネットの中で行われているビジネスであり、ネットの中で構築したプラットフォームを実社会に提供している状態です。私が目標としているのは、「リアル」と「ネット」との融合であり、ＡＩの技術を一部の層だけで活用するのではなく、一般社会に広めていくことを目的としています。第二次産業革命が始まったのは19世紀後半でしたが、その恩恵を日本の一般社会で享受できたのは、戦後復興期である1950年代からです。もちろん、軍事や一部の国においては、第二次産業革命の初期段階から恩恵を得ていましたが、日本がその恩恵に浴したのは、「白黒テレビ・洗濯機・冷蔵庫」の家電3品目が「三種の神器」と称され、一般社会に普及していったときです。私がチャンスと考えているのは、「一般社会への普及」段階でのインセンティブを握ることです。そうすればより広い範囲に革命を起こせ、世の中の役に立つことができます。

第四次産業革命に伴う変化

なぜ第四次産業革命の影響が大きいといわれているかという理由を、具体的な技術を中心に、第四次産業革命によって起こる社会的変化とともに説明します。シュワブ氏は、「第四次産業革命は、先端的技術の急速な進歩、ＡＩ・ロボット・３Ｄプリンター・ＩｏＴなどのテクノロジーが相互に作用しながら、化学反応を起こし急速かつ複雑かつ広範囲に影響する」と述べています。第四次産業革命は、「１９７０年代に始まったコンピューター・デジタル技術の第三次産業革命を基礎としながらも、第三次産業革命とは質的に大きく異なる」とも述べています。

第四次産業革命が、これまでの産業革命と根本的に違う点は、影響力が及ぶ範囲、そしてスピードです。第四次ではリアルとデジタルが、ビッグデータやＩｏＴ、ＡＩなどの先端技術と融合し、１つの技術が他部門に影響していきます。さらに、この融合と並行して、新しいイノベーシヨンが次々に発明され、それらがまた結びついていきます。その影響範囲は、我々の想像をはるかに超えるものです。また、第四次が広がるスピードも、これまでとは比較にならないほど速いと予測されます。先ほども述べましたが、第一次産業革命が世界に普及するのには１００年以上の時間がかかり、第二次も70年程度かかりました。しかし、第二次産業革命のコンピューターが普及するまでに20年もかかっていません。そう考えたときに、第四次産業革命のサービスが世界に広がるのにかかる時間は、さらに短縮されることが予測されます。第四次産業革命によって、誰も予測できないほどのスピードで世の中は劇的な変化を遂げていきます。だからこそ、私はここ1～2年が勝負だと考え、皆さんに第四次産業革命の重要性を認識してもらいたいと、この本の出版を決意しました。社員には、第四次産業革命が進行する時間の感覚は、「1か月が1年に匹敵する」と伝えています。つまり、第四次の戦略を遂行するには「敏捷性」が必要になります。この敏捷性に関しては、次章以降で詳しく説明します。

①第四次産業革命でもたらされるメガトレンド

第四次産業革命のなかで生まれた最先端の技術は、「メガトレンド」を呼び起こし、世界の在り方を形成するほどの力を持った動きとなります。

今後のメガトレンドは、「限界費用ゼロ社会」であるとシュワブ氏も述べています。テクノロジーが融合することにより、それまでの「資本」に対する考え方も大きく変わってきます。第四次産業革命の中心産業である「プラットフォームビジネス」により、急成長した企業である

UBER、Airbnbの形態を見れば、それが顕著に変化していることが分かるでしょう。UBERは世界最大のタクシー会社にまで成長しましたが、タクシーを保有しておらず、「車を活用したい人」と「車を利用したい人」とを「つないだ」ビジネスです。世界で最も多くの宿泊施設と提携しているAirbnbは宿泊施設を持たず、「泊まりたい人」と「泊めたい人」とを「つないだ」ビジネスです。つまり、「マッチメーカー（つなぐ役割）」を担うデジタルプラットフォームが出来上がっていくと、それまで活用されていなかった眠れる資産が活用されるようになり、資産への投資という取引コストを劇的に減らすことが可能になったのです。

また、製品を生産する際も、3Dプリンターなどの技術とデジタルプラットフォームを使用すれば、1つの製品を新たに生産するのにかかるコスト、限界費用は「ゼロ」に近づいていきます。

②消費者の変化と既存事業への影響

デジタルプラットフォームにより、生産性の効率が改善される一方で、消費側のトレンドも変化します。消費者は、基盤のプラットフォームに対価を支払うようになり、デジタルプラットフォーム経由でサービスを受けるようになります。AmazonやiTunesが良い例です。Amazonのサービスが普及する前は、本が欲しければ本屋で本を探し、購入していました。しかし、今はAmazonで本を注文すれば、その日のうちに届けてくれますし、デジタルコンテンツとしてKindleを通じて購入し、モバイル端末で本を読むことができます。iTunesに関しても同じことが言えます。以前は、気に入った曲があれば、お店に行ってCDを買っていましたが、今は

iTunesで即座に購入できます。デジタル化が進み、消費者の「こうであったらいいな」というニーズを技術的に満たすことが可能になり、そのニーズへの対応スピードは更に速くなっています。ここに第四次産業革命の拡散スピードが速い理由があります。「消費者のニーズ」があれば、デジタル技術でそれを満たします。そうすると、さらに消費者は便利性を求め、新しいニーズが生じます。そして、そのニーズもデジタル技術で早急に実現していきます。このループが繰り返されることで、第四次産業革命は大きくなります。

このように、より手軽に商品やサービスを手にできることで消費者の製品・サービスに対する要求レベル・期待値も変化します。消費者は、ただ「製品を買う」という認識ではなくなり、「サービスを含めて製品を買う」ようになります。つまり、企業は、ただ製品を作ったり、単発なサービスを提供したりするだけでは消費者のニーズは満たせず、生き残れなくなります。そして、既存事業に利益を有する企業には「破壊」が起こるようになります。なぜならこうした企業は、現在持っている市場のシェアや、過去の成功事例を手放すことができないからです。しかし、消費者は常に利便性を追求し、この追求をデジタル技術が可能にすることで、事業形態も大きく変わっていきます。デジタル化の破壊力により、既存事業はデジタル化の嵐の中へ、からめ捕られていきます。この「破壊力」に対応し消費者の高いレベルのニーズに応えるためには、デジタル技術に敏捷かつ柔軟に対応できる組織が必要になります。しかし、既存企業には、この「敏捷」と「柔軟」を持っているところが少ないのです。例えば、十分なデジタル技術を持っていても、組織が大き過ぎて対応が遅れ、結局ベンチャー企業がそのニーズを満たすことで、市場のシェアを奪われます。日本企業は、世界に誇れる技術力を持っていますが、昔の成功体験に縛られて、敏捷さと柔軟性が求められる第四次産業革命の流れに乗り遅れてしまいそうな状況です。

こうした消費者の行動変化は、さらに激化していきます。その要因は今後、消費の中心になるミレニアル世代の存在です。「デジタルネイティブ」とも称されます。「ミレニアル世代」とは、2000年以降に成人あるいは社会人になった世代を指す言葉で、主に米国では1980～2000年頃に生まれた若者をいいます。彼らは、物心ついたときからテクノロジーに触れており、プラットフォームを活用した消費行動に全く抵抗がありません。そのため、今後はさらにプラットフォームを活用した消費行動が盛んに行われるでしょう。

こうしたニーズに応えることがすべての企業に求められます。しかし、既存企業は、既にあるシェアを守りたい気持ちがどうしてもあり、その状態で成長部門へと参入していく必要があるため、2つの側面を考えながら戦略を立てる必要があります。この戦略については、のちほど組織を説明するときに詳しく解説します。

③第四次産業革命による付加価値

高いレベルのニーズに応えるためには、生産性の高い状況のなかで、付加価値の高い製品やサービスを提供することが求められます。経済産業省が2016年に発表した「ものづくり白書」(2)の中で、第四次産業革命の可能性に触れています。第四次産業革命の技術であるAIやIoTを製造や小売に適応できれば、付加価値の高いサービスや製品を提供できると述べられていま

(2) 経済産業省 「2016年 ものづくり白書」http://www.meti.go.jp/report/whitepaper/mono/2016/honbun_pdf/index.html

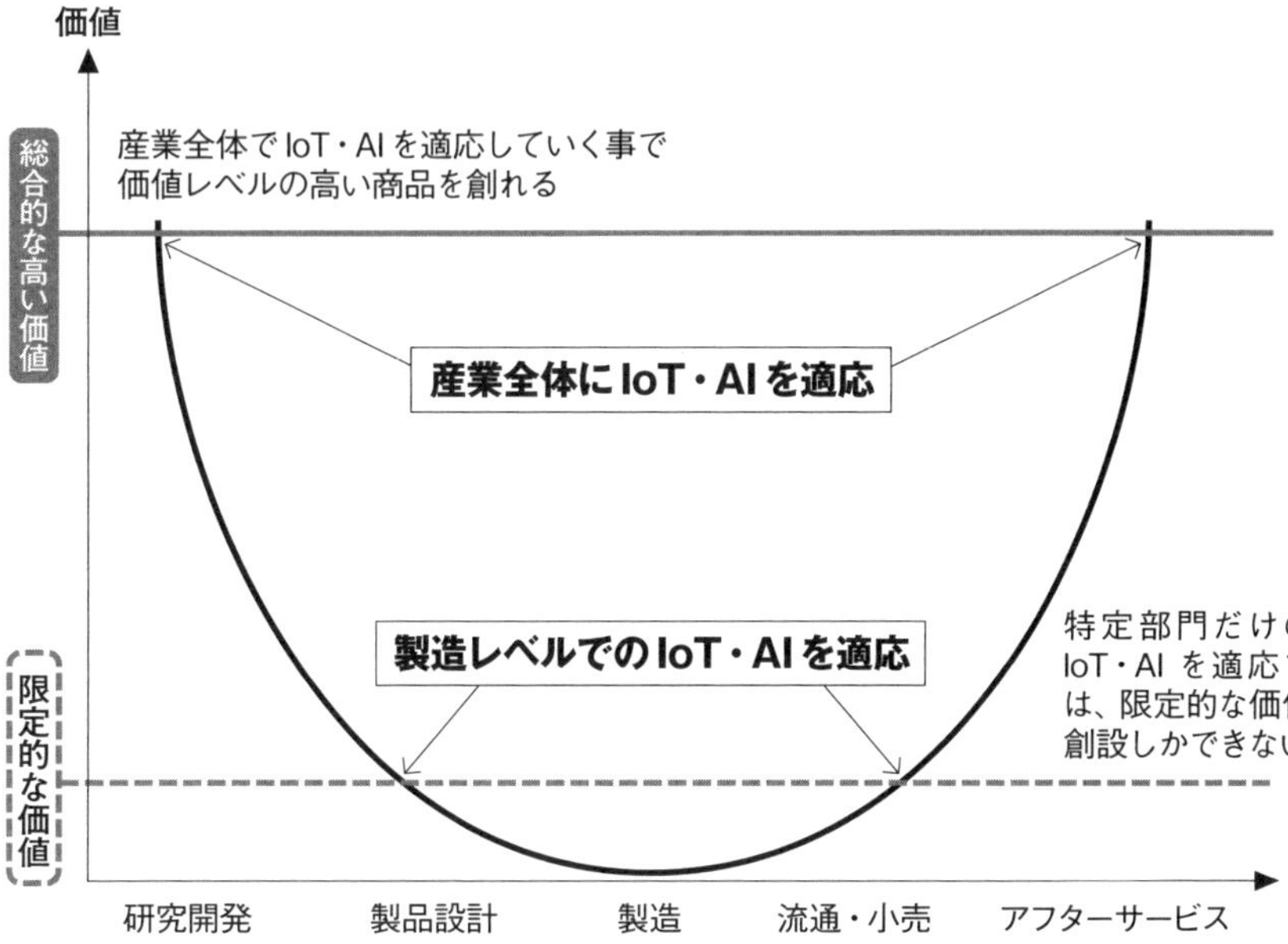
価値
総合的な高い価値
産業全体でIoT・AIを適応していく事で
価値レベルの高い商品を創れる
産業全体にIoT・AIを適応
製造レベルでのIoT・AIを適応
特定部門だけの
IoT・AIを適応で
は、限定的な価値
創設しかできない
限定的な価値
研究開発
製品設計
製造
流通・小売
アフターサービス

す。さらに、同白書の中で、日本の生産技術は高いものの、サービスやソリューションとの連携が乏しく、国際競争力において差をつけられている旨の分析がありました。今後ＩｏＴやＡＩを真に活用していくためには、産業全体が連帯しながら戦略を進めていかなければ価値の高い製品をつくることはできず、国際競争に日本は負けてしまいます。

前ページの図は、関連資料を基に弊社で作成した、ＩｏＴ・ＡＩと産業連帯における価値水準を表したものです。

このカーブのグラフの底が「ただ物を作る」「ただ物を売る」というポジションを意味します。他の部門と連帯をすることなく限定的な範囲にＩｏＴやＡＩの技術を適応させた場合、価値レベルは高くありません。

一方、横断的に全体の部門で連携しながら、ＩｏＴやＡＩ技術を活用した場合、生産性の向上や細やかなニーズへの対応が可能となり、高い価値レベルを創設できます。この図から分かるのは、産業全体で「連携」し敏捷かつ柔軟に対応していけば、これまで実現できなかった付加価値の高い製品やサービスを提供できるようになるということです。

④デジタル的メガトレンド　ＩｏＴ・ＡＩ・データの関係性

第四次産業革命のなかには、幾つかのメガトレンドがありますが、我々に一番関係してくるものがデジタルメガトレンドです。特にＩｏＴ・データ・ＡＩは、今後の産業全体を変えていく上で非常に重要になります。これまでの文章の中にも何度も出てきた単語ですが、改めて単語の説明と、ＩｏＴ・データ・ＡＩがどのような関係性を持っているのかを説明していきます。

■ＩｏＴ

「ＩｏＴ」とは「Internet of Things」の頭文字を取った単語です。日本語では一般的に「モノのインターネット」と呼ばれています。ＩｏＴを端的に説明すると、「身の回りのあらゆるモノがインターネットにつながる」仕組みのことです。ネットワークに、あらゆるモノをつなげることでさまざまなデータを蓄積できるようになります。これまでも、パソコンや携帯電話などの「モノ」がインターネットにつながっていましたが、ＩｏＴ化が進めば従来インターネットとは無縁だったデバイスがインターネットとつながり、多くの「モノ」が相互通信し、遠隔地からも認識や計測、制御などが可能となります。つまり、「モノ」を人が操作して、インターネットにつなぐだけではなく、「モノ」が自らインターネットにアクセスすることがＩｏＴの特徴です。そうなると、多くのデータを集められるようになります。我々がカメラの開発やタブレットカートの開発、サイネージなどの開発を自ら行うのは、このＩｏＴの環境が発達してきた背景があります。

■ＡＩ

そして、インターネットに接続された「モノ」から大量に集められたデータを解析するのに活躍するのが、第四次産業革命の中心的技術である「ＡＩ」です。ＡＩはＩｏＴで集めたデータを分析し、データの規則性を見つけたり、実際に機械の制御をしたりすることに活用されます。Ａ

Ｉによる自動化は、さまざまなコストの削減だけでなく、労働人口問題への解決策としても注目を集めています。ここでＡＩの種類について見てみましょう。ＡＩに関しては、多くの専門書が出されています。私も何十冊も読みましたが、著者によって微妙に定義が違っており、これが正しいという正解がない状態です。しかし、ビジネスにおいて関連知識の習得は基礎であることから、本書の中でも核となる知識については触れています。また、具体的なＡＩ活用方法を説明する際に必要な知識でもあるため、ここで定義を確認します。

ＡＩは大きく分けて、「教師あり」「教師なし」「強化学習」に分けることができます。

「教師あり」のＡＩは、機械に質問と答えを同時に教える方法です。例えば、猫の画像に「これは猫である」という正解を付けたデータを分析させます。ここで機械が行う処理は、「どうして猫に分類されるのか？」ということを見つけ出すことです。このとき、画像を一枚だけでデータを処理し、猫の特徴を覚えたシステムだと、他の猫の画像を見せても、かなり酷似した猫の画像でなければ、猫だとは判別できません。ここでデータ量が重要になります。仮に、猫の画像を1億枚読み込ませて訓練したらどうでしょうか。1億通りの猫の特徴を学習すれば、次に読み込んだ画像を膨大な蓄積データと照らし合わせて、「猫」と正確に識別できるようになる確率は高くなるでしょう。学習するためには膨大なビッグデータが必要になる理由はここにあります。多くのデータを読み込ませればＡＩの判断水準が大きく上がるからです。この猫の例のように、正解が分かっているデータで学習させる方法を「教師あり」と呼びます。

「教師なし学習」は、入力画像はあるけれども、その正解データは与えられないものです。推論・分析など、正解がない・正解が分からない問題で学習することを「教師なし学習」と呼びます。そのため正解がない予測や分析・解析などの分野で使われますし、膨大なデータの中からコンピューター自身に何かを発見させたり、膨大な訓練データを繰り返して学習させたりする際などに用いられます。「教師なし学習」はコンピューターに画像や音声、数値など膨大なデータを読み込ませて、特徴を求め、それに従ってパターンやカテゴリーに自動分類したり、クラスター分析、規則性や相関性、特徴、傾向などを解析させたりします。

「教師あり学習」と「教師なし学習」のＡＩを、Googleの「AlphaGo」の発達に当てはめながら見ていくと分かりやすいです。初期のAlphaGoに、まずインターネット上の囲碁対局サイトにある、３０００万手に及ぶ膨大な棋譜データを読み込ませて学習させました。最初は人間が教える、言わば「教師あり学習」です。しかし、それでは学習データが足りないということで、次にAlphaGo開発チームは、コンピューター同士で囲碁の対局を自動で行わせました。これが「教師なし学習」で、経験値とも呼べるデータを新たに学習・蓄積させました。

次に「強化学習」は、トレーニングによる試行錯誤から始まり、目標を達成して、次のレベルを目指すことを繰り返しながら上達していく学習方法です。「教師なし学習」のように、ただ膨大な訓練問題を機械にやらせたとしても、機械には何が成功なのかが分からず、それでは学習が進みません。ただデータを処理するだけになるため、学習目標として、成功と判断するための要素を何か与える必要があります。そこで成功や成果に対してスコアを与えます。このスコアをクリアしていくことで、レベルアップをしていくのが「強化学習」です。

このように何種類か存在するＡＩを、その目的に合わせて、ビジネスに適応させることが必要になります。こうした知識を持つことで、自分の関係する部門には、どのタイプのＡＩが最適かを判断でき、ＡＩの事業活用への一歩が踏み出せるかもしれません。

■データ

ＡＩがその優れた性能を発揮するためには、ＩｏＴで収集される「データ」が生命線となります。先ほどのＡＩの種類のところでも述べたように、ＡＩの判断基準レベルを高いものにするためには、データの質と量が大切になります。データが少なければ、実際に役に立つ分析はできないばかりか、逆に判断・決断の邪魔になります。そこで、「ビッグデータ」と呼ばれる大量のデータが必要となります。

例えば、医療分野では多数の患者のカルテのデータを集めることで、ＡＩが自動で病気を判断して病状に応じた必要な治療を効率良く行ったり、伝染病の拡大状況を把握したりすることが可能と言われていますが、サンプル数が少なければ分析精度に問題が生じます。いくら大きい病院であったとしても、１つの病院で集められるデータには限りがあります。より正確な判断を下すためには、医療関係機関で連帯し、データを共有していくことが求められます。

その一方で、データをどこまで共有するかという点では課題もあり、特に日本の組織は、自分達の組織だけで戦略を行うという「閉ざされた状態」であり、データに関する考え方も、「自分たちの資源」だと考え、共有する事に抵抗を感じる組織が多いでしょう。しかし、データを１つの企業内だけに留めてしまうと、先ほどのグラフのように製品やサービスに限定的な価値しかつけることができません。

そこで、考えられるのが民間企業だけでなく、官公庁や学術団体とも連携しながら、データの共有を進めていく方法です。第四次産業革命の技術であるＡＩはいかに質のよいデータを大量に集め、有効活用できるかで影響力が違ってきます。産業全体で、それぞれの持っているデータを共有する事ができれば、その影響力は私達の想像をはるかに超える大きなものとなります。

⑤ＡＩと人間との関係

次にＡＩの影響力の大きさについて説明します。

GoogleのＣＥＯであるサンダー・ピチャイ氏は、ＮＢＣが主催したパネルディスカッションの番組で「ＡＩの人類への影響は、火や電気よりも大きい」(3)と明言しています。つまり、ＡＩがもたらす産業への影響は想像をはるかに超え、さらには産業部門だけでなく多種多様な部門にも影響を及ぼすと予測されています。

ＡＩ技術が進むなかで、ＡＩが全人類の知識量を超える「シンギラリティ」が起こる日が、近い将来必ず訪れます。現在では、シンギラリティは２０４５年頃に起こるのではないかと予測されています。こう聞くと、人間は未知のものであるＡＩへの恐怖を感じ、最近では、「ＡＩが進むと人間の仕事が奪われる」という記事や報道をよく見ます。しかし、この認識は間違っていると私は思います。確かに、幾つかの機械的な仕事はＡＩによって効率化が図られ、求人は減少す

(3) NBC NEWS「Revolution: Google And Youtube Changing The World | NBC News」
https://www.youtube.com/watch?time_continue=114&v=_M_rSFBYEe8

るでしょう。一方で、ＡＩが完全に人間のように判断・決断しながらコミュニケーションを取っていけるような、有名な「猫型ロボット」のようになるにはまだ時間がかかります。

現時点でも、ＡＩの処理能力はもちろん革新的に進んでいますが、今の段階のＡＩは人間を助ける手段だと考えています。ＡＩを有効な手段として使いこなせるようになるためには、本質を見据えた総合的な視点を人間が持ち続けられるかどうかにかかっています。この本質を人間が見失わければ、テクノロジーの支配を恐れることなく、テクノロジーと共存して、豊かな生活を手にすることができます。

皆さんがＡＩに脅威を感じている一番の原因は、ＡＩを理解せず、曖昧なままにしているからです。人は未知なモノには不安を抱きます。特に、価値観が変わるかもしれないような「大きな力」は、普通の人にとっては恐怖でしかありません。「ＡＩが全人類よりも賢くなる」と聞くと、驚愕し、恐怖を感じることは理解できます。こうした事態は、歴史的に何度も繰り返されています。今では普通に使われているカメラですが、１００年以上昔に遡れば、「カメラ」はハイテク技術であり、「魂を吸う」という迷信により多くの人は写真に撮られることを嫌がったといいます。ＡＩは、１００年前のカメラと同じ存在です。だからこそ、ＡＩとは何なのかを皆さんに認識してもらいたいのです。

ＡＩの専門書は既に数多く存在していますが、ＡＩをマネジメントにどのように活用していくべきかを示した本はあまりありません。いくら、差別化された技術を持っていたとしても、ＡＩ技術を関連させた戦略を立案・展開・最適化していかなければ意味がありません。経営者は未知の存在であるＡＩに対して重要性を理解し、実際にＡＩを使った戦略に踏み出すことが今後必要になり、そのためには「ＡＩアレルギー」をなくす必要があります。

第四次産業革命は新しい技術が化学反応を起こしながら、我々の想像を超えるスピードで進んでいきます。私はＡＩを真に活用することで、新しい革新的技術と既に構築されたシステムが、関連性を持ちながら相互に作用し、新しい常識をつくり出すと考えています。実際にこの動きは既に起こっており、全く資産を持たなかった企業が、デジタル化技術による「つなぐビジネス」を行ったことで、新しい形のビジネスモデルを構築しました。先ほども例に挙げたUberやAirbnbなどがいい例です。彼らが新しいビジネスモデルを構築できたのは、もちろんデジタル技術を持っていたという要因もありますが、市場に存在していた「見えないニーズ」を見つけ出し、戦略を立案し、対応できたことが、成功の一つの要因です。このニーズを見つけ出すのは、「人間」しかできません。つまり、潜在的な市場にあるニーズを、人間が敏感に察知し、デジタル技術を適応してニーズを満たしていく手段として、ＡＩの技術は実力を発揮します。

ここでビジネスマンとして大切なのは、「見えないニーズ」を考察力・察知力で見つけ出し、正しい情報を基に的確な判断を下し、ＡＩ技術などのデジタル技術も考慮しながら戦略を遂行し、「ニーズ」を取りにいくことです。「見えないニーズ」を満たす担い手と期待されているのが、ベンチャー企業です。ベンチャー企業に関しては平成29年度版の情報通信白書（4）でも取り上げられていましたが、イノベーションの中核的な担い手として期待されていました。

なぜならベンチャー企業はしがらみが少なく、柔軟でかつ機動的な意思決定の下、敏捷かつ大

（4）総務省　「平成29年情報通信白書」http://www.soumu.go.jp/johotsusintokei/whitepaper/ja/h29/pdf/index.html

胆に挑戦ができる存在だと考えられているからです。しかし既存事業に関しても、「見えないニーズ」にアンテナを張り巡らせ、フットワークが軽く柔軟に対応できる組織であれば、十分に第四次産業革命の担い手となることはできます。世界的なコングロマリット企業であるGEは、デジタル化がもたらすニーズへの対応として、利益を上げていた金融企業であるGEキャピタルからの撤退を2015年に発表し、経営資源を「デジタルプラットフォーム事業」に移動させました。

ここで私が言いたいのは、既存事業であれ、ベンチャー企業であれ、第四次産業革命の中心的な存在になるためには、この革命がもたらす「見えないニーズ」という「新しい価値」が何であるのかをいち早く認識し、対応戦略を練り、迅速に実行できる人材と組織が必要になります。いくら組織が膨大なデータや優れた技術を持っていたとしても、需要を読み取り戦略を構築するのは、人間です。その人材がいなければ、すべては「宝の持ち腐れ」になります。

確かに、既存事業にはデジタル化によって、自社が現時点で持っている市場と敵対的な関係になるものもあります。例えば、iTunesは音楽市場全体の規模を縮小させる存在となったり、Amazonというネット通販会社ができたことで、実店舗の売り上げは減少したりします。しかし第四次産業革命は、近い将来必ず経済や社会全体を変革する大きな波として、世界を覆い尽くすことになります。これは避けられません。ならば、既存企業だからと足踏みをせず、アンテナの感度を研ぎ澄まし、正確な情報を集めながら戦略に情報を落とし込み、実行していける人材と組織力を持ち、努力をする必要があります。前例のない新しいニーズに対して個別の判断をするためには、やはり知識が必要になるのです。

これから現在の産業構造は１つ上の段階に進むことになります。ＩｏＴ・ＡＩでのデータ活用が進めば、新たなビジネスモデルも多く登場してきます。新しい技術によってさまざまな産業がつながることで、商品や市場が相互に作用し合い、業種を超えた新たな産業モデルが構築されていきます。第四次産業革命においては、各産業部門を横断的に網羅する全く新しい産業が創出され、需求者と供給者のビジネスマッチングが実現され、新規事業の開発が進みます。これら各組織をつなぐのが、データの累積である「ビックデータ」です。このデータを共有し、連携していくことを「オープンイノベーション」といいます。「オープンイノベーション」については、時間軸の短縮のところで解説していきます。

このように新しい産業分野が横断的につながれば、サプライチェーンと他業種との連携という、縦軸と横軸の統合を進めることになります。繰り返しになりますが、第四次産業革命はすでに始まっています。そして、その影響力はこれまでの産業革命の比ではありません。なぜなら、産業構造全体を一新する破壊力を持っているからです。第四次産業革命のインセンティブを握れるかどうかで未来は大きく変わり、それを実現していく主体は人間であり、ＡＩは１つの手段です。

小売・流通業におけるＡＩの影響力

では、これから小売・流通業界には具体的にどのような変化が起こるのでしょうか。小売・流通界に及ぼす影響は、大きく分けて「決済」「商品管理」「人」「マーケティングコスト」です。

この変化を起こすための戦略は後の章で詳しく述べていきますが、ここではＡＩが導入されることで、生産性の効率化が多方面で起こり得ることを説明します。

①決済

ＡＩによる、決済の「キャッシュレス化」を実現していこうと考えています。現金を使わなくなれば、レジコストを削減できます。レジコストは小売業にとって、大きなウエイトを占める必要経費です。しかし、ＡＩを導入することでレジにおける人件費の抑制が可能になり、収益は売上に対して１％程度改善できると考えています。

決済部門のＡＩ活用に関しては、すでに多くの事業分野で動きだしています。ニュースなどで「Amazon Go」というワードを聞いたことがあるでしょうか。これは世界的ネット企業のAmazonが手掛けた実店舗であり、決済の自動化に重きを置いた店舗運営をしています。日本国内でも、２０１７年９月にみずほフィナンシャルグループとゆうちょ銀行を中心とした銀行財団が発起し、日銀と金融監督部門の支持も取り付けて、「Ｊコイン」と呼ばれる新型のデジタル通貨を２０２０年までに投入する計画であることを明かしました。Ｊコインは、円との等価交換が可能なだけでなく、銀行口座とも連結でき、利用者はスマホアプリを通じて自身の銀行口座から円を引き出し、Ｊコインに直接両替してコンビニやレストランでの支払いに使え、個人間のやり取りに手数料は発生しないシステムとなる予定です。

その他にも、中国最大のネット関連会社であるアリババが運営するオンラインモール、タオバオワンの公式決済であるアリペイは拡大を続けています。2017年の10月、中国の建国記念日である国慶節では、アリペイの海外消費取引回数は前年同期の8倍を超え、一人当たりの消費金額も50%近く上昇したとされています。

さらに、アリペイは2018年にスマートフォンを利用した決済方法を日本に導入し、利用者を1000万人獲得する戦略を進めています。また2018年2月の世界の時価総額ランキングで5位にランクインした中国企業のテンセント・ホールディングスが運営するWeChatも世界各地で、そのサービスを展開しています。

モバイル決済を巡る争いは、実質的にはデータを巡る争いだともいえます。モバイル決済は大量のマクロなデータにより成立しているため、そのデータ量が多ければ多いほど、有利に働くことになるからです。

一方で、我々は、決済での手数料ビジネスではなく、タブレットカートなどによる現在のレジにかかる決済コストの削減とその運用を目指しています。

②商品管理

2つ目は、商品管理です。商品管理のなかで大きな影響力を持つのが「発注」「カテゴリーマネジメントの品揃え」「値下げ・廃棄・欠品などのロス」の問題などです。これらは流通業・小売業において、生産性管理の観点から非常に重要な作業でありながら、とても煩雑な作業が必要になります。

発注は、人間の長年の経験での発注から人工知能による自動発注に移管中です。この発注システムは、機械学習によって検証を重ねています。カテゴリーマネジメントによる棚割りの精度向上は、将棋の佐藤天彦名人を破った人工知能のポナンザを開発したHEROZと取り組みを進めており、棚を将棋盤と見なして開発中です。

商品管理部門において最も大きな数値変化を期待できるのが、値下げ・廃棄・そして欠品などのチャンスロスの人工知能による撲滅です。これらは単にビッグデータだけで判断するのではなく、カメラという目を使って商品管理を行っています。これらの技術は相互に関連し、売上対比で３～５％の利益改善につながっていくと思っています。この技術は我々小売業の変革ではなく、問屋やメーカーの変革になっていくと思われます。特に問屋の機能が従来のリベートを中心にした帳合の古い習慣から、デジタル・ディスラプトして行くと思われます。

セブン‐イレブンは、データを基に「人」が徹底的に商品管理を行いました。お客様が本当に欲しいものを店頭に効率的に並べて、現在の圧倒的な位を確立してきたのです。私たちはこの作業をＡＩで行おうと考えています。ＡＩカメラで棚を管理できれば24時間３６５日・年中無休で商品のデータが得られ、このデータから商品の流れを分析することで、より効率的な商品管理を行えるようになるでしょう。

今後、消費者のニーズはさらに細分化されていき、人間の力だけで商品管理を行うのは非常に困難になります。ＡＩ技術を使いながら商品管理を行っていけば、より効率的に作業を進められるでしょう。

③人

店舗に関わる「人」が行う作業効率化を、ＡＩを使って実現していきます。次の章で「リテールＡＩレベル５」について説明しますが、最初から完全自動化された店舗をつくることは不可能です。ＡＩ導入の初期段階で人がいなくなることはなく、初期段階においては、「人の無駄な動きをなくすということ」をＡＩを使って行い、データをさらに集めながら、ＡＩの性能を上げていくなかで、自動化の割合を高めていきます。

また、店舗規模においても自動化の難易度は異なってきます。メガセンターのような大きな店舗と、コンビニのような小型店とでは自動化への段階が異なってきます。店舗のフォーマットにより、同じ人の作業の効率化においても、さまざまな段階があります。大きな店舗では多岐にわたる管理が必要であり、小さい店舗では、比較的限定された範囲を管理すれば足りる場合もあります。これは自動車の自動運転を想い浮かべると分かりやすいでしょう。速度が一定に推移し、障害物がない高速道路のほうが自動運転実施が容易であり、信号や歩行者、障害物が存在する一般道では、より困難になるのと考え方は同じです。

場所によってＡＩによる作業効率化の適用難易度が異なることを考えたときに、人の作業をいかに効率良くなくしていくかについても同様のことがいえ、段階的な適用が必要になります。まずは労働生産性を10％改善するなどの短期目標を設定していく必要があります。弊社では、人件費は年間約３４０億円かかっており、このコストがＡＩ技術で急になくなることはありません。しかし、課題を細分化して考える「Think Small」の下、リテールＡＩレベル５で段階を設定して、「どの範囲」で「どのように作業を効率化していくのか」を明確にし、「誰が」「何を」の適材適所を実施して組織運営行っていくことで、着実に「人」の作業の効率化をＡＩ技術で実現できます。つまり、初期段階としてはＡＩ技術を活用し、現場でのアイドリングタイムを削減しながら、店舗運営を行っていくということになります。

「人」に関しては、「人事」の側面も存在します。人材は企業の宝であり、人材の能力を引き出しながら、適所に配置できれば、組織は最大のポテンシャルを発揮できます。そのために、ＡＩの技術を使った「トラシンヨウ」を弊社は構築しています。「トラシンヨウ」は、２０１５年にアリババグループの関連企業アント・フィナンシャルサービスグループが開発した個人信用評価システム「芝麻信用（ゴマシンヨウ）」を参考に作ったものです。芝麻信用とは、スコアで個人の信用度を評価し、その評価に基づいてメリットを享受できるシステムです。このシステムにより個人の評価が可視化され、審査などの作業を効率化できるといわれています。

この考え方に基づいて「トラシンヨウ」を構築し、社員の行動を数値化しながら評価を行っていきます。例えば、弊社では毎週自分の仕事に対する報告書を作成しておりますが、この報告書の経営陣の内容の採点は現在私が一人で行っています。ここにＡＩ技術を適応し、評価していくことも考えています。この他にも、知識定着のための考査スコアデータや、会議などの可視化されたデータを閲覧したかなどで、その人材のやる気と行動力を可視化し評価していきます。

さらに現場では、ＡＩ店長という役職を設立し、店長の担うべき役割を分解し、どの部門にＡＩ技術を取り入れていくかを模索しています。また、現場と商品管理のチームとが連携して、発注ミスやロスがなくなるように戦略を立案していきます。そのためには、ＡＩとマネジメントの両方の知識を持つ人材が、考えながら戦略を進めていく必要があります。

確かに、ＡＩが持っている情報処理能力に人間はかないません。しかし、情報処理をしただけでは、一般社会には何の役にも立ちません。大切なのは、その技術を一般社会へと普及させるために、戦略を立案・展開し、適用していくことです。そのために必要になるのが、ニーズを敏感に察知し、情報に基づいた決定力の下、戦略遂行できる「人材」です。これまで説明してきたデータやＡＩを、一般社会で役に立つものに転換できるか否かで、世の中への影響力が決まります。この影響力を大きいものにできるかどうかは、それを担う人材に懸かっています。

④マーケティング

最後に取り上げるのが、マーケティングに関わる問題です。現在、流通業界に存在しているムダ・ムラ・ムリの年間46兆円(5)のコストを削減すべく取り組んでいます。これらはメーカーの関心が最も高い分野でもあります。

日本の小売業は、歴史的な背景の下、卸や問屋が仲介する特殊な環境で、かつ小売が乱立しているという状況です。この状態では、マーケティングコストはなくなりません。メーカーは、それらの乱立する小売店に商品を置いてもらうために、多くのマーケティングコストをかけるからです。このマーケティングコストは大きく３つ、「テレビなどの媒体広告費」「営業コスト」「リベート」に分けることができます。

(5) 当社調査により。内訳：広告費８兆円。営業コスト６兆円。リベート関連費14兆円。ロス関連11兆円。新製品開発コスト７兆円まず媒体広告費ですが、特に新製品に関しては消費者の認知度を上げるためにテレビなどへの宣伝費として8兆円程度をかけています。さらに商品を各店舗に置いてもらうために営業マンにかけるコストが約6兆円です。加えて、メーカーと小売店には14兆円のリベートコストが存在します。これらだけでも約30兆円弱のコストがかかっているわけですが、ここまでマーケティングコストをかけたとしても90%の商品は廃止されます。このときに発生するロスが約11兆円です。

こうしたムダ・ムラ・ムリのコストをなくすためには、広告費やリベートが機能しない仕組み作りを実現させればいいのです。そのシステムを構築するために必要なのがAI技術です。具体的なAI技術は次の章で述べます。ここでは、マーケティングコストにAIがどのように関係しているのかの概要を説明していきます。

■広告費とショッパーマーケティング

マーケティングコストのうち、広告に関わるコストは、これまでテレビ・ラジオ・新聞・雑誌の4マスを中心にした媒体で占められていましたが、これをAIインフラを活用した「ショッパーマーケティング」へと移行していきます

まず、「ショッパーマーケティング」を説明しようと思いますが、その前に「ショッパー」の定義を確認します。ショッパーとは、「売り場を訪れ買い物をする人」のことです。ショッパーと類似した言葉で「カスタマー」がありますが、カスタマーは「顧客」を意味し、「商品を購入後の状態の人」を指します。一方、ショッパーは売り場にいる買い物中のお客様のことを指し、「P

ＯＳ未満」の状態をいいます。簡単に言えば、このショッパーに焦点を絞ったマーケティングをショッパーマーケティングといいます。この言葉が世間に広がり始めたのは、２００７年にアメリカの食品製造業団体ＧＭＡが報告書の中で定義づけた頃からです。ショッパーマーケティングは、「ショッパー行動の深い理解に基づくマーケティング活動の全般であり、ショッパーをひきつけ、購買に導くことを目的としている」と定義されています。つまりこれまでレジを通して集められたＰＯＳデータは購入後の結果を分析したものであり、ショッパーマーケティングによって、売場にいる買い物中の顧客の心理を分析し導けば、よりターゲットを捉えた無駄のないマーケティングが行えると考えられています。

さらに、ショッパーマーケティングという店内でのマーケティング行う方法をとることで、マス媒体を使って不特定多数にランダムに行う広告よりも、よりダイレクトに購買意欲に働きかける効果があります。

ショッパーマーケティングの重要性を、世界的生活用品メーカーのＣＩＯは、はるばるアメリカから福岡の私たちの店舗を訪れ「これらの技術はＥコマースを超える仕組みになるかもしれない」と言ってくださいました。今はこの動きに理解を示してくれたメーカーと連帯しながら、私たちは新しい形の流通業界を構築でしていくための戦略に取り組んでいます。世界最大の小売業であるWalmartは、メーカーとＪＢＰを結び、モノの売り買いだけでない根本的な対策を協力して行っています。ＡＩ技術を店舗で活用し、取引先であるメーカーと情報を共有しながら、ＪＢＰというWIN-WINの関係を構築し、新しい形態の小売業を構築していきます。

この実現を世界に先駆けて日本で行うことができれば日本の小売・流通業は大きく変わります。日本発のリテールＡＩが誕生するという大きな期待の下、私たちは精力的に取り組んでいます。

■リベート問題

次に取り上げるマーケティングコストは、リベートです。日本は政治的・経済的にもリベートが発生しやすい環境にありました。小売業の進んでいるアメリカでは、早くから独占禁止法の厳しい規制のなかで市場が発展しており、第二次世界大戦の前からチェーンストアの展開が始まりました。そして独立の業種店を圧迫してきたため、小規模零細店でも大手と対等に競争ができるようメーカーと流通業者間のルールが決められており、その一つにロビンソン・パットマン法があります。ロビンソン・パットマン法は１９３６年に制定されており、スーパーなどの大型店の営業を規制するために制定されました。この法律は、価格政策に直接影響を与える法律で、メーカーや卸売業者が小売業者に商品を販売する場合に、同品質の商品は同価格、同条件で販売しなければならないとされており、リベートの発生を防いでいます。その一方、戦後の日本は大規模店舗法の規制によって形式上は零細企業を含む中小企業の業種店を守っていましたが、これは対処療法でしかなく、商取引に対する根本的な規制が行われたわけではありませんでした。そのため、日本にはマーケティングコストのなかに「リベート」が存在しています。

リベートとは、メーカーから卸売業者や小売業者に、通常の取引とは別に、一定期間の取引量や取引金額に応じて支払われる代金の割り戻しのことです。リベートには、「累進リベート」という商品の取引量に応じて支払うものと、「導入リベート」という新商品を扱ってもらうために支払うものなどの名目があります。メーカーが、流通チャネルの統制や販売経路拡大のために支払う一種の報奨金ともいえます。メーカーが取引先の経営状況に応じて個別にリベート金額を調整し、取引先の利益を補うケースも多く見られます。そのため、日本ではリベートにより価格が強くコントロールされています。

リベートに関しても、店舗におけるＡＩ技術を駆使したダイレクトマーケティングが実現することで、削減できるようになります。

■新製品に関わるマーケティングコスト

マーケティングコストの新商品に関わるコストも注目すべき部門です。メーカーは断続的に新商品を作り、コマーシャルを出し、リベートを払いながら、新製品を店舗に置く図式が日本流通業界では一般的です。しかし、このようにマーケティングコストをかけた新商品も、90％が最終的には破棄されています。今後拡大していくＡＩインフラを使えば、新商品はこの図式から外れていきます。そうなれば、新製品にマーケティングコストを無駄にかけて、博打のような新商品開発はしなくてもよい流通システムを作り上げられるでしょう。

この新製品のマーケティングコストに関しても、弊社にあるビッグデータや、実際の店舗におけるカメラなどのインフラや棚割りプライシングなどのＡＩインフラを、連携するメーカーと共有していけば、ムダ・ムラ・ムリのマーケティングコストを省きながら、新製品を流通チャンネルにのせることが可能になります。つまり、従来のマーケティング手法が、データ共有とＡＩ技術によって、大きく変化しようとしています。

もちろん、メーカーには予算枠というものがあり、営業コストとブランド維持のマーケティングコストは、全く別の部署で予算編成されています。そうしたなかでも、今は我々の戦略に共鳴していただいているメーカーと新製品に関する流通実験を限定的ながら行っています。こうした「連携」を進めていくことで、実績を積み上げて、戦略への裏付けを行っていきます。

このように流通業界だけ見ても、ＡＩが及ぼす影響力は非常に広範囲に及びます。第四次産業革命は、流通・小売業への影響力もさることながら、全体の経済や社会構造に大きな影響を及ぼします。第四次産業革命を一般社会に影響を及ぼす形にしていくためには、企業間だけでなく、学術界・官公庁などとの連携が必要であり、そのためには第四次産業革命の知識をはじめ、中心的技術であるＡＩの知識を得る必要があります。知識がなければ戦略への対応などできず、何も進まない「絵に描いた餅」に過ぎなくなります。

認識不足

現在、第四次産業革命やＡＩは、マスコミなどでも取り上げられ、言葉自体は広まりました。しかしどれほどの人が、第四次産業革命やＡＩの及ぼす影響力を理解しているのでしょうか。ＡＩは、日本をはじめ世界全体に大きな影響を及ぼし、これまでの産業構造を一変させる力があり、この技術を経営に取り込んでいくことが大きな成長につながり、変化の激しいハイパーコネクト時代に生き残る重要な要素になります。

これから本格化する第四次産業革命の技術により、全く新しい流通システムが生まれ、これまでの常識が打ち破られていくのは間違いありません。これは他の産業部門でも同様で、世界に大きな変化が起きます。Googleの現ＣＥＯであるサンダー・ピチャイ氏も２０１６年の「創業者の手紙」(6)の中で「ＡＩファースト」を掲げ、最近ではＮＢＣの番組で「現在人類が取り組んでいるＡＩは、人類史上最も重要なものの一つである。もしかしたら電気や火よりも重要かもしれない」と述べています。私もＡＩに関してピチャイ氏と同じ感覚を持っていますが、日本の多くの経営幹部たちはＡＩの可能性を把握し切れていません。この認識不足が大きなチャンスを逃し、第三次産業革命のコンピューターの時と同じように日本は世界に取り残され、経済の低迷につながるのではと私は大きな危機感を持っています。

この結果を裏付けするような面白い調査をご紹介します。この調査は、フォーブス・インサイトがデロイトグローバルの協力の下で、２０１７年８月にアメリカ、アジアおよびヨーロッパの19カ国でマネジメントに関わる１６０３人を対象に行ったものであり、回答者は１０００億円以上の収益を上げている企業です。(7)

この調査の結果で興味深い点は２つあります。１つ目は、日本企業の経営幹部たちの第四次産業革命に対する意識の低さです。２つ目は、日本よりも第四次産業革命の意識が高い世界企業においても、第四次産業革命の技術を駆使した新しい事業を積極的に活用していこうという企業はほんの一部であるという事実です。

(6) Google "This year's Founders' Letter"　2016/4/28

(7) 参考URL https://www2.deloitte.com/insights/us/en/deloitte-review/issue-22/industry-4-0-technology-manufacturing-revolution.html?id=gx:2di:3em:4di4364:5awa:6di:MMDDYY:4ireadiness

世界経済フォーラムの年次総会である「ダボス会議」でも2016年以降、毎年主要なテーマになっている第四次産業革命はその実像を着実に現し始め、テレビなどでも多く取り上げられてはいます。しかしこの調査により、世界的に見ても第四次産業革命をフルに活用することができる企業は、2017年においてごく一握りであることが示していました。また、もう一点興味深いのは、日本の経営幹部達は、第四次産業革命の最新技術を競争上の差別化要因と考えていないという点です。調査で「最新技術は競争上の主要な差別化要因と考えるか」という質問に対し、日本の経営幹部の回答は「強くそう思う」が5%、「そう思う」が17%であるのに対し、全世界の回答は「強くそう思う」20%、「そう思う」37%で、実に6割近くの企業が第四次産業革命の技術を差別化要因として考えていました。

また、AI事業を収益化する上での指標となるのが「投資」であり、最新技術に対する考え方は、その技術への投資意欲の高さからも考察できるます。日本の経営幹部の78%は「どちらでもない」と様子見の姿勢でした。

次の章では、小売・流通部門のAI化をどのような段階を経て行うのかについてと、その際、実際に活用するAI機能を持つインフラの説明を行います。

第二章

リテールＡＩに関する具体的な動き

リテールＡＩ　レベル5

第一章では、第四次産業革命とＡＩについての概要をまとめ、小売・流通部門のどのような場面で生産性の効率化が図られるか、という説明をしました。この章では、まずリテールＡＩの基礎であるデータと弊社の歩みをお話し、ＡＩ事業をビジネスで展開していく難しさを、ＡＩインフラの前提として説明します。次に、こうしたビジネス展開の困難さをどのように克服していくかを、実際のＡＩ技術を活用したインフラの具体的な事例を通して見ていきます。そして、リテールＡＩの導入段階を示した「リテールＡＩレベル５」を、店舗・物流・メーカーに分けて解説します。

私は「ＡＩ技術のビジネスへの適応は難しい」と何度も述べていますが、日常生活でＡＩ技術を目にすることは増えました。確かにネットの中では、既にＡＩ技術は活用されています。例えば、Googleが提供している翻訳機能や画像処理など、ネットサービスのほとんどにはＡＩ技術が使われています。しかし、我々が目指しているリテールＡＩ戦略は、「ネット」と店舗という「リアル」をＡＩ技術で融合しながら、小売りの現場でプラットフォームを実現していくものです。「リアル」が加わることで、ＡＩが処理すべき変数は膨れ上がります。ネットの上だけでのプラットフォームであれば、データとデジタル技術があれば実現できますが、「リアル」を融合したリテールＡＩ戦略では「ＡＩインフラ」という要素が必要となり、その複雑性を増し、ビジネスへの適応を困難にします。

リテールＡＩ戦略を実現するためには、ソフトである「データ」、実際の戦略を立案し具現化していく能力のある「人材」、そして「リアル」への架け橋となる「ＡＩインフラ」が必要になります。どれが欠けても、「リテールＡＩによる未来」を実現することできません。

弊社のデータに関する歩み

データはＡＩの基礎を成すものであり、ＡＩをより精度の高いものにしていくためには、膨大なビッグデータが必要になります。弊社には、ＡＩの基礎となるビッグデータが十分にあると自負しています。インフラの詳細を説明する前に、ＡＩの前提となるデータに関して、我々がどのようなスタンスで事業を展開してきたのかをお伝えします。

我々は、創業期からＩＴと流通業を融合させるべく、常にデータを意識しながら小売業・流通業を営んできたので、多くのデータを集めることができました。30年前の創業期以来、「いつ」「どこで」「何が」「どれだけ」売れたかというＰＯＳデータを収集しながら、商品管理や在庫管理を行ってきました。しかし、ＰＯＳデータだけだと、「誰が」というデータが抽出できないため、お客様の特質で商品動向を分類することができませんでした。こうしたなか、20年ほど前に、ID-POSデータを導入したことにより、お客様一人一人を「ユニーク」に識別できる状態になりました。つまり、ＰＯＳデータの「いつ」「どこで」「何が」「どれだけ」の項目にプラスして、「誰が」というデータを付け足すことが、ポイントカード導入時に可能になりました。この「誰が」がＰＯＳデータに加わったものを、ID-POSデータといいます。「誰が」がデータに加われば、お客様一人一人に対する購入履歴を商品管理に反映させることができ、よりお客様のニーズに合わせた商品管理ができるようになりました。ID-POSによって、性別・年代などの層ごとにデータを分類し、より細かな商品動向分析が得られたのです。ID-POSデータを20年前から始めたと言いましたが、抽出や検索など、すぐに使える形のデータは、現時点で13年分ほど整理・蓄積されており、その分量は140億万件です。このデータの単位はレシートの1行が1件に相当します。例えば1人が3つの商品を買えば、3件のデータが得られることになります。

この140億件という膨大なID-POSデータを管理しているデータベースエンジンが「SMART」で、何十台もあるサーバーでデータ運用をしています。SMARTが管理しているデータは、取引メーカーであればアクセスできる仕組みになっています。このアクセスを可能にしているのがMD-Linkというウェブサービスで、メーカーの方が自身の事務所にいながら、我々の会社のデータベースにアクセスできるようになっています。さらにMD-Link上では、データの抽出だけでなく、データ分析のサービスがあり、メーカー側と我々が持っているデータを共有しています。また、MD-Linkにはメーカーとのカテゴリーマネジメントを行っていく上での情報も載っており、ただ「売った・買った」の取引関係ではないJBPの関係を、データを共有することで築こうとしています。例えば、MD-Link上では、カテゴリー単位での損益が載っており、メーカー側にも消費者動向を分析する上で役立っています。

今までのメーカーとのデータ共有を図にすると、左のようになります。

その他、現場を管理する人材は「ペイサー」という携帯端末で、売れ筋商品や在庫を見ることができます。現場の人材にとって重要な情報は現場の商品の動向であり、それをチェックできるようにするために、携帯端末としてペイサーを開発しました。ペイサーを持ち運び可能な形状に

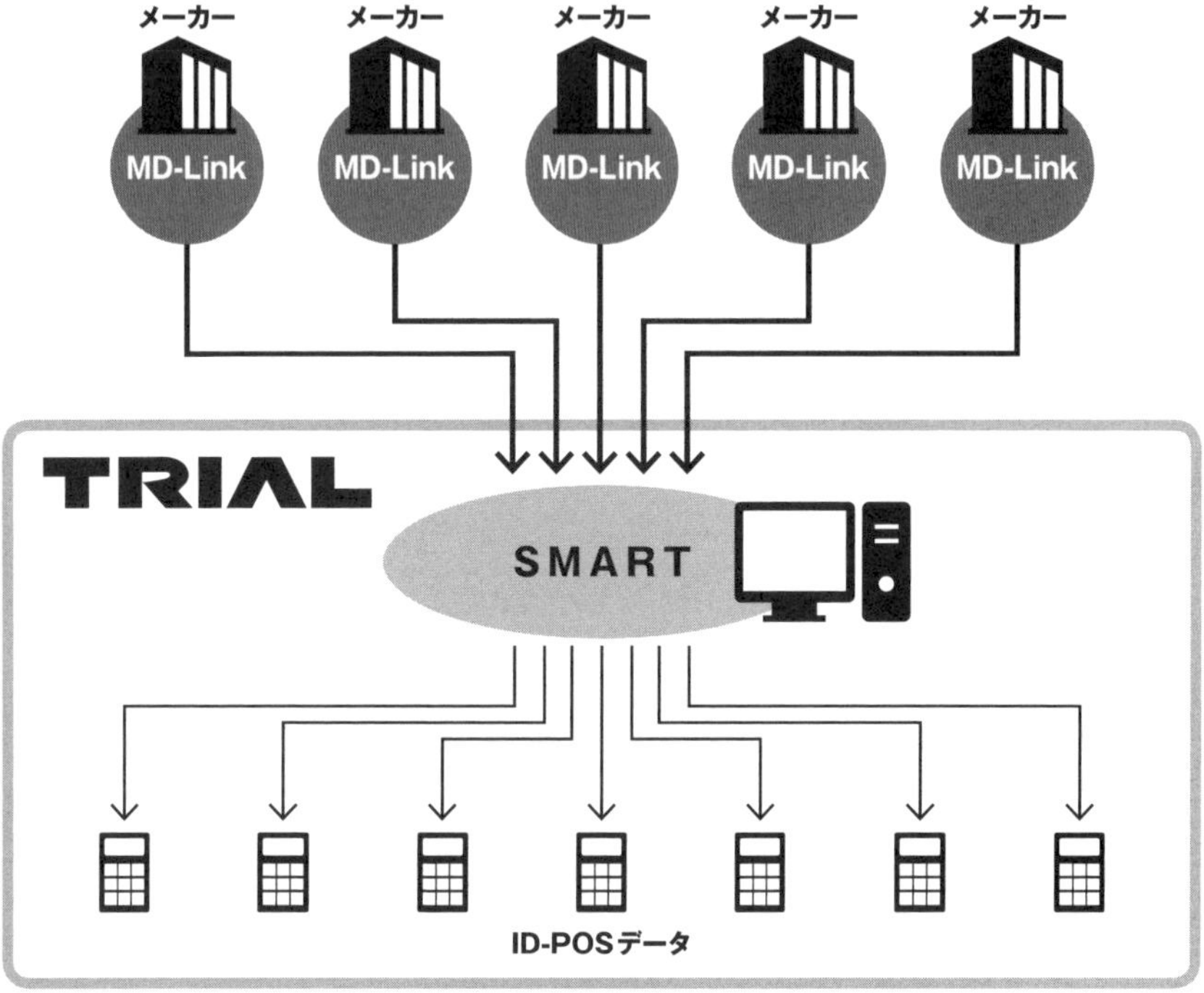
メーカー
メーカー
メーカー
メーカー
メーカー
MD-Link
MD-Link
MD-Link
MD-Link
MD-Link
TRIAL
SMART
ID-POSデータ

したのは、事務室などのバックルームに行くことなく、その場で迅速に商品管理をできるようにするためで、現場作業の効率化が図られました。さらに、発注などのオペレーションを行う機能もペイサーは備えています。

■データを活用できる環境を

東京大学特任准教授の松尾豊氏は「ＡＩというのは、例えるならコンピューターが目を持つことです。そして、この目を持たせるためにはデータが必要不可欠です」と述べています。つまり、ＡＩ戦略を行うときにまず考えなければならないのは、活用可能なデータをいかに収集するかです。しかしデータというものは、集めたいと思ったからといって急に集められるものではありません。そこで、必要になってくるのがデータを持っている機関との「連帯」になります。第四次産業革命の中心的存在になるには、プラットフォームを構築する必要があります。このプラットフォームの構築には、デジタル技術やデータが欠かせません。データを多く集めて有効活用すれば、「目」はより優れたものなります。言い換えれば、ＡＩ技術やＡＩを活用した事業はデータがなければ実現はできず、どれだけ質の高いデータを大量に集められるかで、ＡＩの精度が左右されることになります。

「リアル」でＡＩビジネスを展開する難しさ

しかし、データだけあってもリテールＡＩ戦略は成り立ちません。大切なことは「実店舗でＡ

Iを、実際にどのように使っていくのか」です。この実践の段階で重要になってくるのが、「AI技術を備えたハード」である「AIインフラ」と、「AIを活用した店舗構築のための段階をどのように踏んでいくのか」という「リテールAIレベル５」です。

「AIとはコンピューターが目を持つこと」と松尾氏は述べていますが、ただ「目」だけの性能が良くても、ビジネスに活用できなければ、それはただ「視力がいいだけ」で終わってしまいます。AI技術が実際の社会に影響力を持つためには、その技術を搭載したハード、つまり「インフラ」が必要になります。

数十年前、コンピューターの研究者は、コンピューターが物体を見分けるのは困難だと考えていましたが、今では99%以上の精度で見分けることができます。この画像認識は、実際にハードに活用されるようになります。画像認識分類AIが最初に搭載された製品は、デジタルカメラでした。２００７年に発売されたデジタルカメラは、人の顔を認識し、さらに肌を見分け、美肌モードにできるようになりました。そして現在、AIが画像を認識できる領域は広がっています。

弊社でも現在、大手メーカーでAIの画像認識を開発していた人物をヘッドハンティングして、研究しているのがAIカメラです。ただここで注意すべきは、AI技術が発達すれば、それに比例してビジネスの場に活用できるわけではないということです。

Google の傘下にある Deep Mind が開発している、碁の人工知能「AlphaGo」はご存じだと思います。第一章でもAIの知識学習の例として示しましたが、現在、AlphaGo は「AlphaGo Zero」へと進化を遂げ、着実に実力を高めています。AlphaGo は、世界で最も難しいボードゲームとされる囲碁をわずか3日で習得し、王者を破った実績もあり、「人間で一番強い棋士がAIに負けた」と聞いた人は、AIの底知れぬ力を感じ、感銘を受けると同時に恐怖を覚えたことでしょう。

AlphaGoがここまで成長できたのは、「敵対的生成ネットワーク」という技術によるものですが、第一章で学習した単語でいえば「強化学習」によるものです。2つのAIシステムを競い合わせることで互いに学び合えるようなシステムを構築し、さらに「スコア」という達成目標を与えることで、レベルを上げながら進化しています。もちろん、この「強化学習」の前には、AIを「教師あり学習」や「教師なし学習」でしっかり訓練しておくことが前提で、問題と結果もあらかじめ明確に定義されるAIの知識があってこその発展ですが、AlphaGoの短期間の進化を見ると、「AIは無敵」というような感覚を持つ人は少なくないと思います。

このようなAI技術の発展により、ビジネスにAIを適応することは、簡単なのではないかと思う人もいるかもしれませんが、それは大きな間違いです。なぜなら、ビジネスへのAI適応は、囲碁のような1対1の対戦型ゲームとは適応環境が大きく異なるからです。対戦型ゲームの場合は、プレーヤーは2人ですが、小売店で観測すべき項目は多岐にわたり、囲碁のような明確のルールもありません。

加えて、ビジネスにおいて正しい判断は1つではなく、明確な勝ち負けがつかないことのほうが多く、考慮すべき変数もあまりにも多いため、AIをビジネスの場で活用することは、想像よりもはるかに難しいのです。つまり、いくらAIの正確な知識を備え、AI技術を持てたとしても、複雑な条件が絡み合う「リアルな商売」においては、ＡＩの適応の難易度は格段に上がります。ＡＩをリアルのなかでビジネスに活用するためには、必要な要素をすべて備えなければならないのです。

コンピューターがＡＩという目を持つことで、これまでの常識が大きく変わるのは確実です。東京大学の松尾氏は、ＡＩ技術が発展することを「カンブリア爆発だ」とも表現していました。ＡＩの影響力は我々の想像を超えるものになります。この想像を超えるＡＩを構築するためには、データや技術は必要不可欠です。しかし、ＡＩをリアルの世界の一般社会に広めていくためには、「データ」や「ＡＩ技術」があるだけでは意味がありません。これらを「宝の持ち腐れ」にしないためにも、ＡＩを収益事業化していく必要があり、そのためにはＡＩ技術を実際の事業のなかで活用しながら実践していく、「インフラ」が必要になります。

ここから、リアルのビジネスにおいてＡＩ技術を我々がどのように活用しているのかを、現時点で活用実験を行っているＡＩインフラを例に挙げて説明していきます。

また、いくら「データ」「インフラ」「人材」が揃っていたとしても、ＡＩ技術を一気に適応させ、全面的に導入していくことは不可能です。段階を踏みながらＡＩを適応させていき、最終的に完全自動化を行っていく必要があります。この段階を踏む上で、目安として考えたのが「リテールＡＩレベル５」です。「自動運転レベル５」は耳にしたことがあるでしょうが、リテールＡＩでも段階を踏んで店舗の自動化を実現させようとしています。このリテールＡＩレベル5も、３つの部門に分けて説明していきます。

ＡＩインフラ

蓄積したID-POSデータを、優秀なＡＩエンジニアが加工してＡＩソフトを作ったとしても、ＡＩ技術を活用するインフラがなければ、ＡＩ技術を「リアル」で収益化することはできません。また、ＡＩ技術を活用するインフラであるハードがなければ、リテールＡＩを一般社会には普及できず、大きな革命を起こすことはできません。第二次産業革命では一般家庭への家電製品、第三次産業革命では個人用のパーソナルコンピューター、これらの普及に代表されるように、リテールＡＩ技術をトレイドオフしていくことを考えていく必要があります。「トレードオフ」とは一般的に、「Ａを立てるとＢが立たなくなる」というように、相反する二つの物事の関係性を示す言葉ですが、本書ではケビン・メイニー氏の著書「トレードオフ―上質をとるか、手軽をとるか」から引用した言葉であり、ＡＩインフラを製造する際に「余計な機能を除いて、簡潔化することで、安価に製造し、全体への普及を促進すること、つまり手軽をとることを選択したこと」も意味として使用しています。そうすることで、ＡＩ技術の一般的社会への普及を実現していこうと考えています。

現在、リテールＡＩ戦略における弊社の「ＡＩインフラ」と呼ばれるものは、「カメラ」「タブレットカート」「サイネージ」「スマートフォン」「ペイサー」の５つがあります。では、各インフラについて見ていきましょう。

①カメラ

まずカメラですが、ヘッドハンティングにより優秀なエンジニアを集め、ディープラーニングを適応することで、ＡＩカメラは人間と同様に、商品や顧客を認識できるようになりました。このＡＩカメラこそ、弊社のリテールＡＩ戦略の中核をなすインフラになります。実際に、福岡アイランドシティでは７００台のＡＩカメラを設置して、その機能を実証しようとしています。さらに、２０２１年までには、１台製造するのにかかるコストを現在の５万円から５０００円まで下げして、全国店舗に20万台のＡＩカメラを設置する予定です。

ＡＩカメラの果たす役割は、大きく分けると２つあります。一つは、リアル店舗におけるショッパーマーケティングの実現と、もう一つは商品や人を含めた管理部門の効率化を行う役割です。

■ショッパーマーケティングとAIカメラ

弊社のデータの歩みのなかで説明したように、これまで商品のマネジメントに役立てていた情報はID-POSデータでした。ID-POSのデータは、商品を買ってもらった後の状態を分析していました。もちろん、買った後の状態も重要な一つのデータではありますが、お客様の買い物中の行動を、ＡＩカメラを使ってリアルタイムに情報を収集できれば、その時のお客様の情報を基に、よりズレのない顧客分析ができます。具体的には、「どの売り場」の「どの棚に」「どれくらいの人がいるか」「商品に接触をしたか」という「ＰＯＳ未満」の状態を、ＡＩカメラによって分析できるのです。以前は、リアル店舗で、「買い物中」の顧客の行動認識をすることは、技術的に困難でしたが、弊社のエンジニアチームの尽力により、顧客が店を歩き回る位置を認識し、棚の前を通過する人数と商品を購入した人数のコンバージョン率を計算できるようになりました。この技術によって、定番棚とミッド棚をスキャンして、購入した商品を別々に数えることができ、AIカメラはリアル店舗の顧客行動などのデジタルマーケティング情報を提供できるようになりました。その上、カメラは24時間365日休むことなくデータを集めることができるので、点ではなく、面で総合的な分析が行えるようになります。

つまり、AIカメラを付けることで、「結果としてのデータ」を分析するだけでなく、「買い物の中のお客様の行動を分析」して、「買わなかったお客様の状態」についても行動分析のデータも得られます。

弊社のAIカメラの取り組みをあるビジネス番組で取り上げてもらいましたが、そのコメンテーターから「トライアルもAmazonもIT企業で、これまでできなかったことをできるようにしています。それは、買わなかった人のこと、買うまでの過程を可視化したことにあります。」と嬉しい言葉をいただきました。

私たちがAIカメラで目指しているのは、ネットとリアルが連動し、Amazonなどのプラットフォーマーがネットで提供しているのと同じような情報価値を、リアルでも提供できるようにすることです。もちろん、買い物中のお客様のデータ分析には、お客様のプライバシー尊重の処理をすることが大前提にあります。その上で、お客様の買い物中の動きである「棚前での行動」

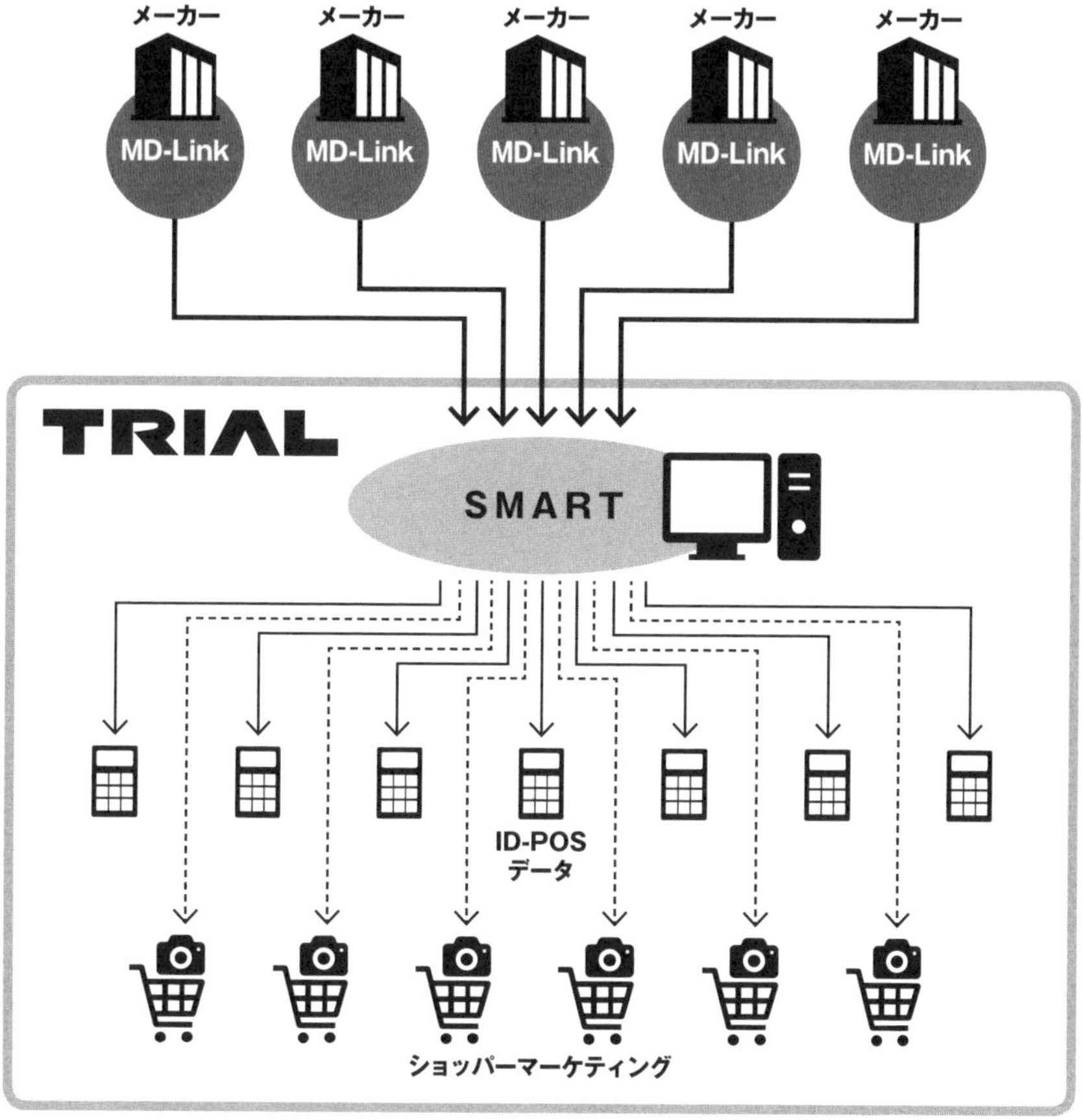
メーカー
メーカー
メーカー
メーカー
メーカー
MD-Link
MD-Link
MD-Link
MD-Link
MD-Link
TRIAL
SMART
ID-POS
データ
ショッパーマーケティング

「棚にある商品の変化」などをＡＩカメラで分析し、可視化することで、ネットの世界で商品を閲覧した履歴からお客様の欲しいものを分析するのと同様に、実店舗でもＡＩカメラのデータにより、「ショッパーマーケティング」というメーカー側に有益な情報を提供できるようになります。

そうなれば、メーカーとトライアルグループが進めているＪＢＰは、より深い関わりを持つようになります。なぜなら買い物中のお客様の心理を分析すれば、よりお客様の購買意欲に沿った商品の配置などを可能にし、メーカーが必要な情報を提供することができるからです。ＡＩカメラというプラットフォーム技術により、買い物中のお客様の状態と、購入後のデータであるID-POSを活用し、多角的に捉えることで、消費者行動をより詳細かつ正確に把握していきます。そうなれば、これまでネットでは実現できていたものの、実店舗では実現できていなかったショッパーマーケティングを追求することが、世界で初めて可能になります。この状況を図にすると、前ページのような状態になります。

私たちが提唱する実店舗でのショッパーマーケティングに関して、世界最大手の生活用品会社のＣＩＯから「ショッパーマーケティングの技術は、Ｅコマースを超える仕組みになるかもしれない」とおっしゃって頂きました。ネット上では、ショッパーマーケティングは既に実用化されています。例えば、Amazonで買い物をするときに「他のお薦め商品」が画面に表示されるのは、顧客のアクセスデータを基に、レコメンド商品をＡＩが抽出しているからです。この強調フィルタリングによるレコメンドサービスを、実店舗で行おうとしています。詳細は、次のインフラであるタブレットカートのところでお話しします。

■管理とAIカメラ

次に、ＡＩカメラと管理との関係を説明します。「理想は完全作業」という、小売における言葉があります。「完全作業」とは、すべての商品が必要な数あり、必要な場所に並べられ、欠品がないことを示しています。そのために、これまでは数値管理だけでなく、店舗の従業員が頻繁に店内を歩いて、「見る作業」「確認する作業」を行う必要がありました。この作業は、売り場面積に比例して作業が煩雑化していきます。扱う商品の数が多く、バラエティーに富んだカテゴリーがあり、お客様の数も増加するからです。つまり、売り場面積に比例して多くの要素が関係し合い、管理には人件費も含めて経費がかかります。

こうした煩雑な「見る作業」ですが、ＡＩカメラを店舗に網羅的に配置することによって、ＡＩの目を活用して行えるようになります。ＡＩカメラで店舗状況を見ることができれば、それまで人に頼る必要があった作業をＡＩによって実現できます。商品を出すといったアクションの段階までやろうとすると、ロボットなどが必要になりますが、少なくともＡＩカメラで「見る作業」を実現することができれば、効率的に欠品などを把握できるようになり、人は効率的なアクションが取れるようになります。

つまり、ＡＩカメラを網羅的に店舗に配置すると、管理の省人化につながり、小売りの「完全作業」を行う上で大きな助けになります。もしＡＩカメラを配置していなければ、従来通り人間がすべて、「歩いて・見て・確認する作業」を行わなければなりません。私たちは、今後さらに大量出店・寡占化戦略の下で、店舗出店していきます。こうした拡大していく店舗網を効率的に管理するためにも、ＡＩカメラは不可欠になります。

さらに管理の側面を考えたときに、商品管理以外にもＡＩカメラで「人」を管理できるようになります。従業員の勤務態度をＡＩカメラで確認することで、従業員たちに緊張感を与え、効率化的な現場運営が可能になります。

加えてに、万引き防止の抑止力を持つことにもなります。現在、弊社だけでも万引き被害額は、年間数十億円ほどあります。お客様の行動をＡＩカメラで分析するなかで、万引きを「しそうな」不審人物の特徴をＡＩに学習させ、万引き行動を起こした人物がいれば、アラートを鳴らすことや、証拠をカメラで標示できる状態にすれば、万引きを事前に防ぐことができます。つまり、万引きできないフォーメーションをつくって、万引きを抑制することを、ＡＩ技術で実現しようとしています。今までの万引き対策は、万引きＧメンが犯行を確認し、対象者が店外に出たときに捕まえるというパターンが一般的でしたが、ＡＩカメラの「目」を有効活用しながら、事前の防止策に取り組んでいきます。現在、店舗には防犯カメラを設置してありますが、それらすべてを人間でチェックするのは難しいのが現状です。一方で、ＡＩカメラが万引きをしそうな人を見つけ出すことで、抑止力を働かせることができます。しかも、ＡＩカメラの網羅的な設置により、防犯カメラで生じていた死角をなくすことができるので、強い監視力を持つことになります。

ＡＩカメラは、２０１８年2月からすでに実店舗で起動しています。現在はスマートフォンタイプの旧型カメラを使用していますが、今後はリテールＡＩカメラを自社生産へと、発展性を持たせていきます。そのために、中国エンジニア２０００人態勢を構築し、技術開発やトレイドオフを早急に行おうとしています。ＡＩマネタイズを実践するためには、いかに一般社会で認知され、利用されるかが重要になります。単に「リテールＡＩカメラの技術を持っています」と市場に訴えても、変革は起きません。一般社会に溶け込むように、リテールＡＩカメラ技術をいかにトレイドオフしていくかが「ＡＩとマネジメント」では重要になります。

②タブレットカート

タブレットカートが担う役割は、「決済の簡素化」と「リテールメディア」です。タブレットカートの初期モデルは、２０１５年から運用が始まっています。このタブレットカートの果たす役割を、決済とダイレクトマーケティングに分けて説明していきます。

■決済

タブレットカートが第一に目指しているのは「決済の簡素化」です。実店舗の決済に欠かせないのがレジ機能であり、レジ関連コストは完全人力の状態で、弊社では年間40億円ほどかかっていましたが、この効率化として初めに導入されたのがセルフレジでした。セルフレジは、７年ほど前から導入を始め、本格的に全国展開をし始めたのは2年前ぐらいまえからです。セルフレジの導入により、従来の完全人力型のレジ運営でかかっていた40億円のコストは、30億円に減少しました。

このレジ関連コストをもう一段減らしていくことに、タブレットカートは大きな役割を果たします。最終的にタブレットカートが全国的に広がれば、レジ関連コストは年間10億円程度にまで抑えられると考えています。

現在のタブレットカートの仕組みは、プリペイドカードを買い物を始めるときに読み込ませ、買い物をしながら商品のバーコードを読み、それと同時に決済が行われる仕組みです。レジに並ぶことなく、買い物の終了と同時に決済も終了するという形になっています。さらに、タブレットカートを使用しながら買い物をすると、買い物中の合計金額も表示するため、より計画的で効果的な買い物ができます。

■リテールメディア

次に、タブレットカートが果たす役割として挙げられるのが「リテールメディア」です。「リテールメディア」とは、端的にいえば、小売店の中にメディアが存在する状態のことです。これまで、広告は小売りの現場とは切り離されていました。この流れがデジタル化とともに変化し、既にEC事業のなかでは画面上にメディアが含まれています。このリテールとメディアとの融合をさらに進化させ、実店舗というリアルで実現していこうとしています。その最たる例が、ショッパーマーケティングです。

具体的には、買い物中のお客様に、タブレットカートを通じて、買い物をしている時に販売促進を行えるようになります。インターネットサイトで何かを検索した後は、その関連広告がページ上に表示されます。このような機能をタブレットカートに搭載し、関連商品を推奨して、販売促進を実施しています。また、「リコメンド」を抽出する際は、その推奨商品をより的確なものにするために、それまでのID-POSデータを基に、関連性の強い商品を表示して販売を促進し、より的確なリテールメディアを構築します。つまり、タブレットカートによって、これまで「マス」で行われていたメディア活動は、パーソナライズされた「メディア」へと向かっていくことになります。

買い物中のお客様に直接的に商品の広告が出せると、メーカーにとっても大きなメリットがあります。買い物中のお客様は「買い物モード」の状態であり、しかも目の前に実際の商品があふれています。ネットにはない臨場感が、「リアル」にはあります。この状態のお客様に対して、的確な販売促進の広告を情報として提供できれば、効率的なマーケティングが行えます。タブレットカートは、小売側からすればパーソナライズされた形のプロモーションを実現できますし、メーカー側からしても、ダイレクトなプロモーションを行うメディアとなります。第一章でも述べましたが、メーカーは新製品を出す際、莫大なコストをかけて、ランダムに広告を出しています。しかしリアル店舗でのリテールメディアを活用すれば、新製品のターゲット層に対して直接、新製品のプロモーションを行えて、マスメディアとの広告とは違う形での販売促進ができると考えています。

現在、タブレットカートを1台製造する費用は20万円ほどですが、この費用を最終的には5万円ほどにしていきます。そのためにも、独自にタブレットカートを開発し、自社生産体制に移行していきます。製造コストを抑えて、他の小売業でも導入できるように、安価かつ誰でも簡単に操作できるタブレットカートを目指して、中国エンジニア２０００人体制で、数年のうちに技術開発を行っていきます。

③サイネージ

サイネージも、ＡＩインフラの重要な要素の一つです。サイネージとは、従来の紙媒体などの看板や紙のポスターを、液晶ディスプレイやＬＥＤを用いた映像表示装置などのデジタル映像機器を使い、情報を発信するシステムの総称と、値札を自動的にデジタルで表示する2つを指します。

弊社では、サイネージ活用はこれまで青果部門の一部の値札で実施してきましたが、現在メーカーと連携して、飲料部門でのサイネージを実現しています。今後は、サイネージ技術を強化し、値札だけでなく、ポップの自動化などに拡大適応していこうとしています。サイネージを活用したディスプレイを大量に展示することで、プロモーションや広告を実現していきます。ＪＢＰの発展形として、値札とポップサイネージをメーカーとの連動で行うことができれば、売価やフェーシング数はメーカー管理の中行うことが可能になります。この戦略も、世界的飲料メーカーと組んで日本発のシステムを目指しています。

こうしたサイネージ活用は、今までにないプロモーションを可能にすることができます。例えば、フリースなどの衣類は、視覚的にそれを着たときのイメージを持てることで購買意欲が上がります。ユニクロのＣＭを思い浮かべると分かりやすいと思います。ポスにサイネージ技術を適応して、デジタル画面から、臨場感あふれる画像を流すことで、お客様の購買意欲を刺激でき、売上が上がると考えています。単に映像を流すのではなく当社の商品を購入して一定の評価をしてくださっているお客様にサイネージで訴求すれば、単に商品を販売する世界とは異なることが起きる可能性があります。

食品に関しても、その食材を使った料理などをサイネージで示すことができれば、その食品だけでなく関連する食品も売れるという相乗効果も期待できます。また、これまで紙媒体のときには一定の時間がかかっていた、棚札やポップの変更作業を電子化すると、ダイナミックに棚札やポップの内容を変えていくことができます。ダイナミックかつ瞬時に、お客様への個別の情報提供に変えることができれば、店舗状況に合わせて価格を迅速に変えられ、お客様の購買意欲の刺激につながります。

また、こうして購買意欲を刺激することは、商品が売れるという利点だけでなく、弊社が、単に安いものを売っているのではなく、良品を売っている、というイメージの構築にもつながりブランド力も改善することができます。

さらに、人件費の側面でもサイネージには優位性があります。従来、ポップや棚札は人によって取り替作業が行われており、人為的なミスや人件費がかかっていました。これらを、サイネージによって減らしていくことが可能になります。

④スマートフォン

スマートフォンでアプリケーションの展開をしていきます。このスマホアプリは、「決算」と

「店外でのプロモーション」２つの側面を持っています。

■決済

プラスチックのプリペイドカードを、アプリケーションのなかで実現し、電子マネーの機能を付加します。そうすると、タブレットカートの決算機能と相乗効果となり、より便利な決済環境を実現できます。

タブレットカートでの決済と同じ様に、スマホのアプリでお客様に決済をしてもらうことも進めていきます。このアプリを使った決済は、既にWalmartが「Scan and Go」と銘打って実現させています。「Scan and Go」では、アプリで商品のバーコードを読んで、決済が終了するシステムです。我々も当初は、スマホアプリに商品バーコードを読ませるという決済機能を付けようと考えていましたが、実際に現場を見たとき、いきなりスマホアプリでの決済はハードルが高いと気が付き、この段階に一気に行くよりも、まずはタブレットカートを導入して、スマホアプリでの決済は段階的に行っていくことにしました。新商品や新技術を市場に適応していくときは、「タイミング」が非常に大切です。韓国のサムスンが世界的なシェアを取れたのは、製品を開発販売するタイミングが時代のニーズに合っていたからです。対照的に、ＳＯＮＹが業績を悪化させた理由は、時代のニーズに合った商品を、最適なタイミングで市場に提供することができなかったからです。

数年前、私たちはアプリでの決済方法を実験的に行いましたが、実際現場を見てみると、お客様にはほとんど使われていませんでした。その経験から、まずはお客様が今まで使っていた「カート」という形で、「大きな画面を見ながら決済までできる」「レジに並ばなくていい」という機能を持つタブレットカートと使ってもらい、徐々にアプリへと移行していこうとしています。初めは、カートを使う必要のないクイックな買い物にする際、例えばお菓子1つなどはアプリを使ってもらえるように段階を踏みながら、両者の利点の相乗効果を狙って、技術の浸透を図っていきます。

最終的には、スマートフォンを活用したモバイルワレットを実現していきます。キャッシュレスの実現は、年間40億円かかっているレジ関連コストを削減することになり、生産性の高い店舗環境の構築につながります。

■お客様との店頭以外での関係性構築

今後はアプリケーション機能を決済だけでなく、販売促進ツールとしても充実させ、タブレットカートで行うのと同じような機能も搭載していこうと考えています。スマホは、現在なくてはならないツールで、多くの人は1日に何度もスマホをチェックしています、お客様が弊社のアプリケーションをインストールすることで、パーソナライズされた充実したプロモーションを届けられます。アプリケーションから、買い物をさらに快適にするための多彩な情報を発信していきます。

また、アプリを普及させることによって、店舗にお客様がいないときでも弊社とお客様との関係を構築できるため、リピーターの確保につなげていきたいと考えています。例えばアプリに、お買い得商品を使った夕食メニューを提案するといった買い物計画を立てられるような機能を持たせることで、来客時にスムーズに買い物ができるようにし、かつ購入時には、クーポンでポイント5倍や10倍を付けられるようにします。そうして、「お得感」も持ってもらい、弊社のファンになってもらおうとしています。アプリを活用することにより、断続的に弊社を選択してくれるロイヤルカスタマーを増やしていきます。

アプリはスマホの中にありますから、お客様は1日数回はスマホを見ながら、弊社のアプリを見ることになります。そうなれば、店外にいる状態のお客様への販売促進活動が可能になり、多くのニーズをつかむことができます。現在は、常につながっている状態であるハイパーコネクトの時代であり、アプリの機能を充実させながら、常にお客様とつながっている状態でサービスを提供することで、ニーズを逃さない効果が期待できます。お客様が携帯しているスマホの中に弊社のアプリが存在すれば、総合的な販売促進が行えるのです。

⑤ペイサー

最後に挙げるインフラはペイサーです。先述しましたが、これは、従業員が発注などの店舗オペレーションを行うときに使う携帯できる端末です。この端末は、今後ＡＩインフラとしても活用していきます。ペイサーは、従業員が行ったオペレーションをすべて記憶することができます。この記憶されたデータを活用して、従業員の勤務状態を観察し、現場作業の効率化や従業員のレベルアップのための教育システムを考えるとともに、従業員のアイドリングタイムなどの勤務態度も監視する役割を果たしていきます。ＡＩカメラのところでも、従業員のアイドリングタイムをカメラで観察しているとお話ししましたが、ペイサーをＡＩインフラとして活用することで、従業員の活動状況が分かるようになります。このデータは、第一章で説明した弊社の評価システムである「トラシンヨウ」へ活用していこうと考えています。つまり、ペイサーは「トラシンヨウ」というプラットフォームのデータ収集の一つのデバイスになります。

以上「カメラ」「タブレットカート」「サイネージ」「スマートフォン」「ペイサー」により、データを活用したＡＩ技術を、実際のビジネスへとアウトプットしていきます。そうすることでＡＩ技術が一般社会に広がっていき、ネットとリアルとが融合して、産業全体に大きな革命が起こります。データ・技術・インフラ・トレイドオフを実行していくことで、競争他社と圧倒的な差別化ができるだけでなく、小売業・流通業とは別の部門である情報通信企業として、お客様の役に立てる企業でありたいと考えています。

リテールＡＩレベル５

ここまで説明したように、ＡＩインフラの活用は着実に進んでいます。しかし、リテールＡＩ技術を一気に実店舗で実践し、完全自動化することはできません。段階的に、自動化を適応していく必要があります。最近「自動運転レベル５」という言葉を聞いたことがある人は多いでしょう。自動運転の場合は、Level.0がドライバーがすべての操作を行うことをいい、加減速やステアリング（1）を含めたすべての操作をドライバーの判断で行います。後方死角検知機能やABS（2）などはレベル0のシステムですが、システムは運転操作に対しては関与しません。Level.1はステアリング操作か加減速のいずれかをサポートする段階です。車線の逸脱を検知するとステアリングを補正するシステムや、先行車との距離を一定に保つために自動で加減速を調整するACC（3）など、ステアリング操作と加減速の支援システムが相互連携しない技術状態をいいます。このレベルは、いわゆる運転支援システムです。Level.2は、ステアリング操作と加減速の両方が連携して運転をサポートする技術で、例えば高速道路上での渋滞時に、ストレスや疲労を大幅に減らすことができます。このLevel.2が現時点で公道最高水準の運転支援技術となっていて、既に幾つかのメーカーからこの技術を搭載したモデルが発売されています。Level.3は、特定の場所ですべての操作が自動化され、緊急時はドライバーが対応するシステムです。高速道路など特定の場所でクルマが交通状況を認知、運転に関わるすべての操作を行います。ドライバーは、緊急時や自動運転システムが作動困難になった場合に、ドライバーが自動運転に代わって対応を求められるので、必ず運転席に座っている必要があります。私はこの実験がしたくて最新型のレクサスを購入しました。箱根の研修施設から東京まで、おおよそ御殿場のインターから東京の首都高速の入口あたりまで、ハンドルもブレーキも自動で何もしなくて自動運転メインで走ることができました。既に車はLevel.3は実現しています。

Level.4は、特定の場所ですべての操作が完全に自動化されます。Level.3に加えて、緊急時の対応も自動運転システムに操作を委ねます。自動運転システムを利用している限り、ドライバー

（1）乗り物の操舵装置のことで、進行方向を変えるためのシステム
（2）Anti-lock Brake Systemの略称。急ブレーキをかけたときなどにタイヤがロックするのを防ぐことにより、車両の進行方向の安定性を保ち、ハンドル操作で障害物を回避できる可能性を高める装置のこと

の運転操作はもはや必要ありません。Level.5は、あらゆる状況においても操作が自動化された「完全自動化」で、ハンドルもアクセルも不要です。さらに、場所などの制限がほぼすべての条件で自動運転が可能になると想定されています。

自動運転０～５ステップはこのようになりますが、ここで特筆すべきは、レベルが上がると技術レベルも適応範囲も広がる点です。特に適応範囲に関しては、リテールＡＩレベル５と通じるところがあります。自動運転を適応する段階としては、信号などがなく車線が決まった方向に進んでいく高速道路のほうが易しく、一般道路の場合は格段に難しくなります。

小売業の自動化に関しても、コンビニエンスストアのような商品が限定的で面積が狭い店舗では適応しやすいですが、品揃えが多く、売り場面積が広い所では管理が難しくなります。

最初から完全自動化された店舗をつくることは不可能です。ＡＩ導入の初期段階で人がいなくなることはなく、段階的に人の無駄な動きをなくしていきながら、自動化の割合を増やしていきます。そのためにはリテールＡＩ技術を店舗に適応していく上では、細分化しながら考えていく必要があります。人の作業をなくすという効率化作業においても、店舗のフォーマットによってさまざまな違いがあり、画一的に適応することはできません。我々はまず、店舗面積の小さなトライアルクイックを完成させて、いち早くレベル５に近づけようとしています。

■Think Small

私が戦略を遂行するときに大切にしているのは、「Think Small」という考え方です。これは、

（3）Adaptive Cruise Controlの略称。車間距離を一定に保ちつつ、車が自動で定速走行してくれる装置

私が小売業に進出するきっかけとなったWalmartの創業者であるサム・ウォルトンの自叙伝（4）を読んでいるときに出合った言葉です。彼は、この本の中で、「Think Small」の考え方を述べていました。また初めて店舗を出し、経営していたときの経営原則を忘れてはいけないと述べ、「顧客の求める以上のモノ・体験を提供せよ」という視点を忘れることなく、常に基本に返れとウォルトン氏は戒めているのです。この考え方はすべてに共通しますが、リテールＡＩレベル５でも同じことがいえます。つまり、課題を「小さく考え」、段階的にＡＩインフラを使いながら適応範囲を広げ、リテールＡＩを実現していくことが一番の近道だということです。「Think Small」の下、リテールＡＩの適応範囲を細分化して考えていくことが重要であり、リアル店舗でのＡＩ技術の活用・自動化は新しい挑戦であるがゆえに、常識を打ち破っていく必要があります。

リテールＡＩレベル５を詳しく説明する前に、分かりやすくするために、左の表を載せておきます。これは、弊社が資料を参考に作成したものです、Levelごとの下に表示されており西暦は達成予測時期を表しています。

①店舗運営編

最初に、店舗運営にＡＩ技術をどのように段階的に適応していくかを説明していきます。まずLevel0は、完全手動で自動化要素がない状態です。次のLevel1はセルフレジを導入しながら、自動発注を行う状態です。Level1の状態は既に全国店舗で実施しており、セルフレジ導入・自動発注ができるシステムにより、人間が店舗運営をする上での「支援的役割」を果たしています。

（4）サム・ウォルトン『私のWalmart商法 すべて小さく考えよ』講談社　2002/11/20

	店舗運営	物流関連	メーカー
Levei.0 達成	完全手動	完全手動	AI活用なし 全て人力
Levei.1 達成	セルフレジ 自動発注	実験的自動	生産・物流レベルでのAI化
Levei.2 2017年+	カメラで棚監視 顧客動線分析	部分的自動	POS・D-POS分析のAI化 (自動化)
Levei.3 2020年+	万引き防止 サイネージ	条件付き自動	AIカテゴリーメネジメント (商談あり)
Levei.4 2023年+	AIカテゴリーメネジメント (商談なし)	制限付き自動	AIカテゴリーメネジメント (商談なし)
Levei.5 2025年+	完全無人店舗	完全自動	完全オートネーション化

このLevel1で、自動化率は10％程度です。

Level2は、カメラで店舗監視をしながら、ショッパーマーケティングを行っていく段階です。お客様が店舗を歩き回る位置を認識し、棚前を通過する人数と商品を購入した人数のコンバージョン率を計算したり、定番棚とミッド棚をスキャンしながら、購入された商品を別々に数えたりします。この段階ではＡＩカメラによって、リアル店舗の顧客行動などのデジタルマーケティング情報を提供します。

この取り組みも既に実験店を運営しており、今後全国的に実施をしていきます。第一章でも述べたように、小売業において商品管理作業は売上に直結する重要な部門であり、かつ最も複雑な部門でもあります。この商品管理を、ＡＩカメラによって分析して消費動向を分析することできれば、煩雑で経験値が必要であった商品管理の作業が簡素化されていきます。そうなれば、熟練者でなければ難しかった作業ですが、ＡＩ技術を活用することで、未熟練者でも行うえるようになり、店舗運営の効率化を図れるとともに、労働生産性も改善できます。Level2の段階では、部分的な自動店舗運営が可能になりますが、運営管理者は常に監督する状況が必要になります。

Level3の段階では、ＡＩカメラを活用しながら万引き防止対策を実施し、サイネージを本格的に使った「ショッパーマーケティング」を完全に実施していきます。万引きは、商品の被害額はもちろんのこと、警備にも年間多くの経費がかかっています。ＡＩカメラ技術により何人も必要であった警備要員を減らすことができます。さらに、棚札や商品のポップなどをサイネージで行うことで一括管理ができ、ダイナミックなプロモーションが行えて、店舗の効率化につながります。Level.3の段階では、条件付きでの自動店舗化を目指し、緊急時以外は管理者不要の状態を目指します。この段階で自動化率は60%です。これをトライアルクイックで実現させようとしています。

そしてLevel.4以降は、未来の話になります。この段階まで来ると、店舗の自動化は90%まで進みます。カテゴリーマネジメントをＡＩが行い、それまで最終決定は人間がしていたことをＡＩが担当して、「商談なしマネジメント」の実現を目指します。今後も重要な単語になるので、ここでカテゴリーマネジメントについても改めて説明します。「カテゴリーマネジメント」とは、消費者に対する洞察力を駆使して商品構成と販売促進を含めた売り方を最適化するマネジメント技法であり、消費者にとって適切なタイミングで、適切な売り場や棚に、適切な商品を適切な価格で提供することで、需要の活性化を図ることを目的としています。これまで、カテゴリーマネジメントは、すべて人間がデータを基に行ってきましたが、ＡＩにデータを学習させることで、ＡＩによるカテゴリーマネジメントを実施していきます。Level.4の段階では、高度な自動店舗運営が可能になり、ほとんど管理者は不要になります。

Level.5は、完全無人店舗化の段階で、自動化率１００%です。この段階まで来ると、「無人店舗」となり、流通業界に存在する46兆円のムダ・ムラ・ムリのマーケティングコストが削減できます。

②物流とインサイドセールス編

次に説明するリテールＡＩレベル５は、物流とインサイドセールスです。インサイドセールスとは、電話やメール、時にウェブ会議などを駆使し、訪問せずに行われる非対面営業活動を行うことをいいます。このリテールＡＩレベル５では、商品が店頭に並ぶまでの過程をどのように効率化していくかを考えていきます。

Level.0は完全手動の段階で、説明の必要はありません。Level.1は、物流センターにおいてＡＩを活用した在庫管理を行い、少人数でも在庫管理を行えるようにしていきます。自動化率は10％程度です。

Level.2では、部分的な自動物流センターを構築し、さらにＡＩ化を進めていきます。この段階では、物流管理は常に人間の監督を必要としており、自動化率は40％程度です。既に在庫管理をロボットが行っている例として、Amazonの事例があります。Amazonは２０１２年３月に倉庫ロボットを開発するベンチャー企業「Kiva」を買収し、14年の後半には、オレンジロボットを自社倉庫に導入しました。

Level.3では、部分的条件付き自動化を目指していきます。ロボットによる在庫管理や物流管理を行う段階で、具体的にはロボットに形状が違う洗剤や袋入りのバラ商品ピックを認識させて、同じ洗剤という商品でも区別し、在庫を管理できるシステムを構築します。現在、弊社では商品の仕分けを機械化しています。また、Level.3では顧客情報・商談履歴・実績・天気などの販売影響要因、販売予測などをデータベース化していきます。店舗のリテールＡＩ Level.5の所で紹介したＡＩのカテゴリーマネジメントをより高度なものにするために、商品の特性や使い方などの商品情報自動対応を行っていきます。さらに、物流のマーケティングコストの一つである

「新商品」に関しても、販売予測を行いながら最適な物流管理を行っていきます。自動化率は60%です。

Level.4は、制限付き自動化で、自動化率90%となります。この段階では、バキュームとフィンガー構造を一体化させたハンドを持つ在庫管理ロボットを導入していきます。Level.2で紹介したAmazonのオレンジロボットは、仕分けられた商品をゾーンへと運ぶまでの役割でしたが、Level.4の段階で導入するロボットは、商品をつかみ、振り分ける機能を持つようになり、さらに完全自動化に近づきます。また、各物流センターでの機器の保守や、故障対応を自動応答化していきます。自動棚割起案もＡＩが行って、より効率的な流通システムを実現しようとしています。

Level.5は、完全自動化を指します。このLevel.5までの機能は、従来の問屋が担うべきです。問屋不要論ではなく、新しい機能を提案する我々流通業の変革に不可欠な機能をサポートするように、問屋は変わるべきだと思っています。

③メーカー編

最後は、メーカー関連のリテールＡＩレベル5を説明します。第一章で述べましたが、第四次産業革命においては、多くの組織との「連携」が必要であり、メーカーとの関係は非常に重要になります。

日本におけるメーカーと小売店との関係は、欧米に比べて特殊です。それは、問屋や卸という中間業者が存在しているからです。問屋や卸ができた歴史的な背景は割愛しますが、ここで伝えたいのは、日本において小売とメーカーとは、直接つながっていないため、「売った」「買った」の単一的な関係が長く続いたということです。

我々はこれを変えていく必要があると考え、メーカーとＪＢＰを構築していきます。ＪＢＰとは、売上高や粗利益額の目標、それに伴うリベートなどの条件を定めるだけの、年契商談のような表面的な関係ではありません。小売業とメーカーが直面している大きな社会的課題をお互いに理解した上で、それを解決していく活動であり、より深い信頼関係が必要となりますが、それには互いの価値基準の共有が必要です。

現在、年に1度我々は経営陣・経営陣候補の人材、そしてメーカーの人材を対象に、約2週間の日程でアメリカ研修を行います。最近のアメリカ研修の目的は、ＪＢＰが進んでいるコカコーラの本社や、Walmartの本社を訪問することでして、その重要性を実感してもらうことです。この研修を通して、ＪＢＰを通り一辺にではなく、その本質を理解して、我々とメーカーとで日本でのＪＢＰ活動が行えたらと考えています。

２０１７年のアメリカ研修のなかで、Walmartに行っている現在の戦略提案を、コカコーラの人間からプレゼンされたとき、私はＪＢＰの凄さを再認識できました。コカコーラは、Walmartに以下のことを提案していました。

●ヒスパニック系移民が増加するなかで、どのような商品動向が見られるか。↓人口構成比率が変わることにより、消費動向はどうなるのか。

●小型の小売店がWalmart店舗周辺で乱立するなか、どのような戦略を取るべきか。→対外的ライバル店への対応の在り方

●ネット販売の割合が14％から18％と大幅な増加を示すなか、Walmartはどのような組織体制をとりながら、販売戦略を行うべきか。→商品販売ツールの取り扱い方

これらの戦略提案からも分かるように、コカコーラは自身の商品を売ることよりも、飲料戦略のアドバイザーのような役割を担っています。コカコーラはWalmartに対して、飲料市場のなかで、どのような方針で販売をすべきかを一緒に考えてくれています。Walmartが小売企業として抱える問題を、共に解決しようと取り組んでいます。これがＪＢＰの真の姿なのです。こうしたＪＢＰ構築を基礎にしながら、メーカーとの関係を深めるなかで、メーカーとのリテールＡＩレベル５も行いながら、相乗効果として小売業界・流通業界の改革を行っていきます。

では、具体的なメーカーとのリテールＡＩレベル５を説明していきます。Level.0はＡＩ活用はない状態です。Level.1は、生産や物流レベルでＡＩを活用しています。この段階ではＡＩ化は10％です。

Level.2では、部分的なデータ分析のＡＩ化です。具体的には規則性が明確なものを分析し、自動化を行っていきます。ＰＯＳやID-POS分析がこれに当たります。ＡＩ化率は40％です。

Level.3は、商談ありのＡＩカテゴリーマネジメントを実施していきます。最終意思決定は人間が行いますが、ＡＩを活用したカテゴリーマネジメント業務を実施で、ムダ・ムラ・ムリのマーケティングコスト削減が本格化していきます。ＡＩ化は60％です。

Level.4は、ロボットを導入し、支店に配置する営業要員などを効率化していきます。カテゴリーマネジメント全般をＡＩが行っていき、「商談なし」の状態になります。ＡＩ化率は90％となります。

Level.5では、完全なマーケティングオートメーション化を図ります。マーケティングオートメーションとは、顧客一人ひとりの興味関心に応じたコミュニケーションを実現することで、顧客との長期的な関係を構築できるプラットフォームを言います。マーケティングオートメーションをＡＩ技術で推進することで、事業活動を機能ごとに分類し、どの機能で付加価値が生み出されているか、競合と比較してどの部分に強み・弱みがあるかの分析を正確に行えるようになります。そうして、事業戦略の有効性や改善の方向を探るなど、すべての段階においてＡＩを活用したマーケティングオートメーション化を実現させようとしています。

リテールＡＩレベル5といっても、その部門は多岐にわたります。最終的な目標は、「完全自動化・完全オートメーション化」ですが、大きな目標ほど、課題を細分化して段階的に達成していくことが必要になります。

これまで述べてきたように、ＡＩに対しての「曖昧さ」によって、ＡＩの持つ影響力の大きさの外側ばかりを見てしまうことで漠然とした「恐怖」をＡＩに対して持ってしまっていたのです。こうした状況を打破すべく、まずは自分の事業で何を達成したいのか、それにはどのような技術が必要なのかを細かく考えていくと「やるべきこと」が明確になります。

次の章では、これらのインフラや自動化の段階を踏みながら、どのようにＡＩ事業を収益化していくかを説明します。ＡＩの収益化、マネタイズは、技術を一般社会に広めていく上で重要な要素になります。素晴らしい技術も一般社会に広まらなければ、その影響力は限定的になります。第四次産業革命の中心技術であるＡＩ技術が影響力を持ち、本当の意味で世の中の役に立つには、一般社会に広がっていく必要があります。第三次産業革命の中心技術であったコンピューターが大きな影響を世の中に与えられたのも、一般消費者が自身の「固有のコンピューター」を持つまでに、技術が大衆化したからです。そう考えたときに、ただ「ＡＩ」という漠然とした知識だけを持っていても、技術だけ開発したとしても、「ネット」と「リアル」との融合を目指す時には意味がありません。

第三章

AIマネタイズを実現するために

リテール
AI

これまでの章で、第四次産業革命のもたらす影響の大きさと、その中心技術であるＡＩに関して、「データ」と「インフラ」を中心に説明してきました。データを備えて、ＡＩインフラである「ＡＩカメラ」「タブレットカート」「サイネージ」「スマートフォーン」などを作り上げたとします。しかし、これだけでは大きな影響力を持つことはできません。なぜなら、理論上優れた技術であったとしても、実際のビジネスで有効に働くとは限らないからです。技術とは、ビジネスで役に立ってこそ、その影響力を遺憾なく発揮し、世の中に大きなムーブメントを起こしながら、「お客様の役に立つ」ことができるのです。

これは、ＡＩ将棋を例に取れば分かりやすいでしょう。ＡＩ将棋が佐藤天彦名人を破ったニュースは耳にしたことがあると思います。確かに、ＡＩが人間の思考回路を超えたという点に関しては、一定の成果があったとは思います。しかし大切なのは、ＡＩ将棋の技術を実際のビジネスで活用し、収益化していくことです。ただＡＩ技術だけを持っていても、イノベーションは起こせません。ＡＩ技術を実用化して、一般社会に適用しながらビジネスとして成立させ、収益化していく、つまり「マネタイズ」していくことができてこそ、ＡＩを本当の意味で影響力のあるものにできるのです。そのためには、ＡＩの技術を開発し、いかに実際の戦略に取り入れていくかが重要であり、その収益化事業の戦略が優れているほど、社会に及ぼす影響は大きくなります。

しかし「リテール」という複数の変数が存在する「リアル」の中でＡＩ技術を実用化していくことは非常に困難であり、それをさらに収益化することは「困難の極み」と表現しても過言ではありません。しかし、こうした「困難」に立ち向かってこそ、「ビジョン」達成に近づいていくのです。実際に、佐藤天彦名人を破ったHEROZのポナンザは、カテゴリーマネジメントによるマネタイズを実現する模索をしています。

この章ではまず、なぜ「リアル」でのＡＩマネタイズは困難なのかを分析し、実際の対応策を検討してます。その後、ＡＩマネタイズを行うために、人材に求められる「デジタル適応力」を解説していきます。

AIマネタイズが困難な理由

「マネタイズ」のもともとの意味は、「金属から貨幣を鋳造する」という意味で使われていましたが、２０００年代に入り、ネット業界の中でＩＴ用語として使用されるようになりました。ネット業界でのマネタイズとは、ネット上の無料サービスから収益を上げる方法で、事業を収益化していくことを意味します。インターネット上には数多くの無料サービスが提供されていて、サービスの提供側はさまざまな方法で無料サービスから収益事業につなげるように展開していることこそ、近年使われているマネタイズの意味です。サービスの提供側には、Googleやヤフーなどのポータルサイト、フェースブックなどのソーシャルネットワークサービス、動画サイト、無料のブログ開設サービス、モバゲーなどの無料ゲームサイトなどがあり、いずれも事業へと発展させ、収益化を行っていこうとしています。バナーなどの広告や、無料ゲーム内での課金サービスなどもマネタイズにあたります。

こうして見てみると、すでにマネタイズは実施されて10年以上たっており、難しくないのではないかと思う人もいるかもしれませんが、このマネタイズはあくまでも、ネット上でのみシステムが構築されている部門です。我々が行おうとしているのは、リテールＡＩという、小売業の「リアル」と第四次産業革命の新しい技術である「ＡＩ」とを融合させる部門の収益化であり、これまでのマネタイズと「リアル」でのＡＩマネタイズとは全く異なるものです。

①リアルとネットの融合の難しさ

ＡＩ技術をリアルビジネスへと適応するのは難しいと何度も述べていますが、ＡＩマネタイズに関しては、ハードルがさらに上がります。なぜなら、我々が目指しているリテールＡＩ戦略自体が、「ネット」と「リアル」を融合する、今までにない新しい産業部門だからです。リアルが加わると、ＡＩが処理すべき変数は膨れ上がりますが、こうした複雑化した状況下で、リテールＡＩを構築し、その上で収益化につなげることは非常に困難です。

世界的企業であるAmazonが手がけたリアル店舗であるAmazon Goは、リテールＡＩ戦略の一部であり、その話題性から多くのマスコミで取り上げられました。我々も、Amazonのリアル部門進出には大きな関心を寄せており、Amazon Go 1号店が２０１８年1月にオープンしましたが、そのオープン当日に弊社の社員が店舗に視察に行きました。Amazon Goの売場面積は約１７０㎡でコンビニ程度の広さですが、目視でAmazon Go店内にあるカメラ台数を確認したところ、天井と棚を合わせて４８９０台程度あったと報告を受けています。面積がコンビニ程度でカメラ台数は５０００台近いと聞くと、リテールＡＩを高いレベルで完成させているように思いますが、まだAmazon Goには多くの課題が残っているというのが私の感触です。なぜなら、Amazon Goの店舗自動化の着眼点は「No Line, No Checkout（並ばない、レジもない）」というだけものであり、JUST WALK OUT型（商品を手に取ったら、店を出るだけ）の決済をＡＩで実現できたとしても、店舗環境に総合的にＡＩを適応していかなければ発展性がないと考えているからです。実際、Amazon Goの店舗は現時点で、決済以外の部門のＡＩ技術適応はなされておらず、商品管理や人材管理、マーケティングコストなどの総合的なリテールＡＩの適応はできていません。このように感じた理由は、従業員の数の多さにあります。視察時には、店舗内に従業員が十数人、店舗外側にあるガラス張りのスペースで食品を加工している従業員を10人程度、さらに商品を補給している従業員も5人程度確認しました。このままの状態ではAmazonの取り組みは、限定的な影響力しか持たないのではないでしょうか。

リテールＡＩ戦略を実現するためには、ソフトであるデータ、「リアル」への架け橋となるＡＩインフラ、実際の戦略を立案し、具現化していく能力のある人材が必要になります。どれが欠けても、「リテールＡＩによる未来」は実現できません。そして、「リテールＡＩ」を実店舗で実現し、実績を上げて初めて、ＡＩマネタイズの信用度が上がり、現実のものへとなっていくことを考えれば、通常のマネタイズに比べて非常に難しくなります。

②デジタル・ボルテックス

２０１８年に入って、私は1冊の本を読みました。それが、『デジタル・ディスラプター戦略既存企業の戦い方(1)』という本です。原本の題名は『Digital Vortex: How Today's Market Leaders Can Beat Disruptive Competitors at Their Own Game』で、最初の「Digital Vortex（デジタル・ボルテックス）」とは、直訳すると「デジタルの渦」です。「デジタルの渦」とは、第四次産業革命の中心技術であるＩｏＴやＡＩなどのデジタル技術が起こす変化が、渦のように色々なものを巻き込んで劇的な変化を起こすことを意味しています。そして、『対デジタル・ディスラプター戦略〜』の中では、デジタルの渦を巻き起こす担い手を、「デジタル・ディスラプター（デジタルの破壊者）」と表現しています。私たちがまさに行おうとしている「リテールＡＩ戦略」は「デジタルの渦」の真ん中にあり、「デジタル・ディスラプター」として、リテールＡＩ戦略を通して、その存在を世界に示そうとしています。トライアルグループが、リテールＡＩ戦略を推し進め、マネタイズを実現することにより、大きな渦が生まれ、革命という大きな渦が起こることになります。

しかし、ここで考えなければならないことがあります。デジタル化を進めていくと、自分たち自身の市場をも縮小させてしまう恐れがあることです。この「既に持っているシェアの縮小」というデジタル化による影響は、皆さんがＡＩ戦略を行っていく上での、最大の躊躇ポイントになります。仮に、ＡＩ技術を取り入れて、市場を開拓しようとしたとき、自身の現時点で持っているビジネスを破壊してしまう恐れがあると知っれば、ＡＩへの進出をためらい、結局はＡＩ技術を使った新規事業は始めないという決断に至る可能性があります。市場のシェアをデジタル技術が奪う具体的な例を、音楽産業で説明します。

(1) マイケル・ウェイド 、ジェフ・ルークス、ジェイムズ・マコーレー、アンディ・ノロニャ（著）根来龍之、武藤陽生（翻）、デジタルビジネス・イノベーションセンター（訳）『対デジタル・ディスラプター戦略 既存企業の戦い方』日本経済新聞出版社（2017/10/24）

■音楽界のデジタル化による市場の変化

もし、気になった曲があった場合、皆さんはどのようにその曲を手に入れているでしょうか。おそらく20年くらい前までは、CDショップに行ってCDを買っていたでしょう。また、曲を知るきっかけは、以前は音楽番組や、CMソング、ドラマの主題歌などのテレビ媒体や、音楽雑誌などの紙媒体がほとんどだったと思います。しかし現在、音楽普及の図式は大きく変わりました。これはiTunesによるデジタルのプラットフォームが形成されたためです。「歌」という商品はデジタル化され、レコード・CDの物理的媒体が不要になり、販売チャンネルは店頭からダウンロードによる音楽ファイルとなりました。さらに、SNSでの口コミでの拡大なども大きな要因になりました。

ここで注目すべきは、デジタル化の及ぶ範囲が広範囲である点です。製造・チャネルだけでなく、消費者との接点などの多岐にわたる流通段階すべてにおいて、デジタル化の影響を大きく受けていることが分かります。

つまり、デジタル技術であるiTunesによって、CDの製造メーカーや音楽ショップ、また消費者との接点である音楽雑誌なども市場のシェアを失うことになります。こからして、自身の持つ既存事業でデジタル化へと参入した際に、現状の利益が確保できるのだろうかと不安になり、AI技術を事業に活かして、収益をはかっていこうとするときに躊躇する企業があっても不思議ではありません。

③変化する事へのアレルギー

音楽業界の例からも分かるように、「デジタルの渦」は多くのものを巻き込みながら、多くの既存事業の市場シェアを奪うなど、影響力を及ぼすようになります。デジタル事業や技術を持たない企業からすれば、この流れを恐れ、関わりたくないと思う人も多いと思いますが、デジタル化は避けられないことです。なぜなら、デジタル化を促進しているのは「人間自身の欲望」だからです。「欲望」というと大げさですが、例えば携帯電話を使っていて、こんな機能があれば、と思った経験はあるでしょう。この「こんな機能があれば」という「ニーズ」を、デジタル技術は素早く表現化し、サービスとして提供できます。つまり、市場の中に満たされないニーズがある限り、デジタル技術の拡大は無限に広がっていくことになります。既存企業が人海戦術的に築きあげたバリューチェーン(2)を行わなくても、デジタル技術を用いればで、ニーズや、求められている「価値」は容易に満たされることになります。

デジタル化は、この満たされないニーズを満たし、「新しい価値」を提供する手段となっています。この新しい価値が提供されることで、顧客のニーズが表れる頻度はサイクルが早くなり、企業はそれに対応するために変化をしていく必要が出てきます。

■AIやデジタル化によってもたらされる新しい価値

第四次産業革命の技術革新によってもたらされる「新しい価値」は、大きく「価格」「利便性」「競争力」の3つに分けることができます。

(2) バリューチェーン：事業を機能別に分類し、どの工程においてどのくらいの量の付加価値が生まれているのかを分析することにより、早急に解決しなければならない課題の洗い出しや競争優位性を高める差別化戦略の構築を容易にしてくれる、優れた枠組みのこと。

1つ目が、価格に関する価値です。第四次産業革命の技術が進めば、無料または圧倒的な低価格、あるは固定費をなくして、変動費だけで商品を提供できるようになり、顧客は価格面での満足を得ることになります。例えば、最近よく見られるクーポンサイトで、一定人数が集まることで、通常よりもかなりのディスカウント価格でサービスを受けられるのも、デジタル化が進んだ結果といえます。また「価格.com」がいい例ですが、情報の正確な比較をデジタル化が可能にしたことで、価格設定に透明性が生まれ、消費者は「価格透明性」のなかで、商品を選べるようになりました。第四次産業革命の技術を使うことで、価格の大幅ダウンに代表される、経済的利益の破壊的イノベーションが発生したといい換えられるかもしれません。

2つ目の価値として挙げられるのが、不便さの解消によって得られる価値です。この例としては、セブン銀行が挙げられます。セブン銀行のATMは、消費者が自分の取引銀行のカードを入れると、その取引銀行のATMに似た画面を表示してくれます。セブン銀行があることで、顧客はわざわざ自身の銀行のATMを探さなくても、コンビニという身近にある店舗で、金融機関のサービスを受けられるようになり、大きな利便性を手にしました。また最近、中国では現金を使わないスマホアプリを利用した支払いプロセスにより現金を扱うという不便さを大幅に簡略化し、顧客の利便性の追求を実現しました。

最後の価値として挙げられるのが、競争力を創設する価値です。第四次産業革命の技術が拡大していくと、新しいネットワークが創設され、競争力を高める価値が創造されます。具体的な価値を提供するサービスとしてはクラウドサービスがあり、その代表的なもののAmazonのAW

SやGoogleのGCPです。AmazonやGoogleは、自身の事業で収集したデータや技術でプラットフォームを構築し、インターネット・サーバー・アプリなどのプラットフォームビジネスを提供するのがクラウドサービスです。企業が何か新しいサービスをウェブ上で開始するときに、メンテナンスやインフラ部分にクラウドサービスが技術を提供することで、企業は自身の他の中核業務に集中し、事業拡大を図りつつ、ランニングコストを抑えられるサービスです。この3番目の価値は、従来にはないネットワーク効果を提供する破壊的イノベーションとも言えます。

④絶えず変化し続けるニーズに対応するためには

こうした新しい価値を顧客に与えることで、顧客はより便利な環境を手にします。そうなれば、さらに便利な環境を手にしたいと思うのが人間の「性」です。こうした人間の「性」に基づいている産業全体のデジタル化は止めることができず、既存事業もデジタル化に対応していく必要があります。ただ、このデジタル化に対応していくためには「ニーズ」に応えるための基礎力が必要になります。

まず、デジタル技術に対応する能力が必要となります。いくら、デジタル事業に進出しようとしても、デジタル技術を構築する能力がなければ、ニーズに応える技術を生み出すことはできません。次に必要になるのが、ニーズを察知する能力です。デジタル技術があったとしても、「市場の満たされないニーズ」に対応する能力がなければ、技術のビジネス適応はできません。ただ、このニーズは移り変わりが激しいため、常にどのようなニーズがあるかを敏感に捉えていく必要があります。そして、第四次産業革命のなかで求められるものは「スピード」であるために、ニーズに対して即座に戦略を決定し、実行に移していく柔軟性と敏捷性が必要になります。稟議書を回していては、そのニーズはあっという間に他の企業に占有されてしまいます。ここで、迅速や俊敏でなく、「敏捷性」と表現したのはデジタル化の性質を踏まえた上です。「敏捷」を端的に表現すれば、「速さと正確さ」であり、動作の素早さに関する能力を意味しています。デジタルアジリティとは敏捷性を意味し、クイックの意味する単純な移動速度ではなく、動作方向を正確に変更する速さを示し、動作を行うまでの判断時間の短さも敏捷性に含まれると考えています。

つまり、デジタル事業を手がける際には、スピード感を持って敏捷に対応していかなければならず、これまでの組織の在り方を大きく変えていく必要があります。しかし、既存企業で、かつ大企業であればあるほど、こうした敏捷性を伴う事業展開をすることは、非常に難しいといえます。これは、次章の「ＡＩマネタイズのための組織と教育」で、さらに掘り下げていきますが、ＡＩなどのデジタルアジリティの対応は、デジタルに対する高い適応能力が組織にも求められます。

そのためには、これまでの事業に対するスタンスを変えていく必要がありますが、人間は変化を嫌うものです。しかも、成功体験を持っている既存企業であればなおのこと、変化することをためらいます。その部門のマーケットリーダーとしての地位を築いているならば、さらに変化は困難を極めます。これは歴史的にも明らかです。日本が、第三次産業革命の流れに乗ることができなかった大きな要因は、第二次産業革命の成功経験が、鎖のように企業をしばりつけ、新しい変化に対応できなかったことです。日本は、家電や自動車生産によって、１９７０年代後半には

「Japan as No.1（3）」といわれるまでに成長しました。この経験により、次の産業の波であるコンピューターに対して敏捷性を発揮できず、正しい判断・決断を下すこと、行動することができなかったのです。

変化を恐れ、デジタルの破壊といわれる技術や、それに伴って生まれる価値を理解しなければ、何も行動することはできません。ハイパーコネクトの時代のなかで、新しいデジタル技術が人間の欲望を満たしながら、新しい価値を生み出している現代において、既存企業が生き残るには変化が求められています。しかし、多くのしがらみがある既存企業はその変化に対応できずにいるのが現状であり、結局、しがらみが少なく、デジタル技術に対しての察知力や敏捷性があるベンチャー企業が、「デジタルによるニーズ」を飲み込んでいく傾向が強く表れます。

既存企業である私たちは、デジタル・ディスラプターであるベンチャーなどの個々の破壊者にとらわれることなく、見えないニーズによって生み出されていく、デジタルがもたらす影響事体を考えていく必要があります。しかし、このことに、組織が大きくなり過ぎた企業は気がつくことができません。大切なのは、何が既存企業の脅威の要因であるのかという「破壊」自体に目を向け、その破壊がもたらす価値は何であるのかを見極めていくことです。デジタル化のもたらす影響や価値を曖昧にしておくと、目の前に現れた実際の競争企業にばかり目を向けてしまい、本質的な競争要因を見つけ出せず、対策を立てられないまま、デジタル化への対応やＡＩ事業でのマネタイズまで行き着かず、前段階で足踏みして、デジタルの渦にのみ込まれ、最終的に時代に淘汰されていくことなります。

（3）エズラ・F.ヴォーゲル（著）、広中和歌子、木本彰子（訳）『ジャパンアズナンバーワン―アメリカへの教訓』ティビーエス・ブリタニカ社 1979/06

これまでの説明で、なぜ「ＡＩマネタイズ」が困難なのか、その理由を理解して頂けたと思います。今、本を読んでいる方々には色々な立場の方がいると思います。その中で、市場に大きなシェアを持っている企業の方々は、ＡＩマネタイズ化が難しい理由を、自身の立場と照らし合わせることができればと思います。すべての産業にデジタル化による影響が及ぶ時代は、確実に到来します。実際、デジタル化とは無縁だと思われていたタクシー業界やホテル業界においても、UberやAirbnbといった「デジタルの破壊者」が現れ、業界の競争基盤を根底から覆していることを考えれば、既存事業は変化を恐れることなく、デジタルの破壊に対応していかなければ今後の成長はありません。

AIマネタイズに必要な人材の基礎力

ＡＩマネタイズを行う上で人材に求められるのは、どこにニーズがあるのかを正確な知識のもとに察知し、情報収集を行い、ニーズを満たすための戦略を判断・決断し、敏捷に戦略を実行していく能力です。では、こうしたデジタル化に対応する能力を得るためには何が必要なのでしょうか。

ここでは、ＡＩマネタイズを行うために必要な、人材の基礎力を誤解します。ＡＩを実際に事業に活かしていくためには、ソフト面である「データ」と、ハード面である「ＡＩインフラ」と「人材」が必要であると述べてきました。

デジタル化に対応するためには、「人材」は、大きく分けて2種類必要になります。一つ目が、

ＡＩを含めたデジタル技術を開発・メンテナンスできる人材、もう一つは、こうして開発された技術を既存のビジネスへと適応し、マネジメントできる人材です。例えば、優秀なＡＩエンジニアによって、世界を変える可能性があるＡＩソフトが開発されたとします。しかし、このソフトが影響力を持つためには、実社会でその利便性を発揮しなければ意味がありません。つまり、技術をビジネスの現場に適応させて、収益化する「マネタイズ」をしていく能力のある人材がいなければ、優れた技術を持っていても宝の持ち腐れになってしまいます。エンジニアに関しては、専門的な知識や技術を持った人材は、学校などの教育機関に行けばある程度育成ができますが、マネジメントを行う人材に関しては、漠然としていて、どのような人材が必要なのかは不透明です。確かに、大学をはじめ経営を学ぶ教育機関はありますが、ただ経済理論を学んだだけでは、ＡＩマネジメントは行えません。なぜなら、「ＡＩマネジメント」はこれまでになかった部門であり、前例がなく体系的にも帰納法で確立されているわけでもないからです。

もちろん、組織力もデジタル化に対抗する際には非常に重要になりますが、まずは組織の基礎である人材の説明をしていきます。この人材に求められる能力を「デジタル適応力」とします。

①知識と経験値

デジタル技術を実際のビジネスにマネタイズするために必要な「デジタル適応力」の第一歩は、正確な知識と認識を持つことです。ＡＩのすごさは分かっても、実際にビジネスへと活用する知識がなければ、企業として行動を起こすことはできません。言い換えれば、「分からないもの」

を「分かる」状態にすることで、マネタイズのスタートラインに立てます。ちなみに「分かる」という状態は、既存のビジネスの在り方に、ＡＩなどの第四次産業革命の技術が導入されることによって、どのように変わるのかを予測しながら、今後成長する部門である「大きな乗り物」「大きなニーズ」に対して、優先順位を付けていくことを意味しています。

■マネタイズの優先順位

優先順位を付けていく時に重要になるのが、ビジネス化したときにどの程度の影響力があるかです。先述したように、ＡＩ技術によって「人」の効率化を図るべく、弊社では「トラシンヨウ」を構築し、人材の効率的運用を行えるように戦略を構築しています。しかし、当初「トラシンヨウ」に対応するチームがＡＩを活用する方向性として挙げたのは、「離職率の傾向分析を行い、離職可能性のある人材を発見するシステムを開発」をしようとしました。しかし、私はこの決定に疑問を投げかけました。なぜなら、「離職率の傾向分析」は、全体への影響力を考えたときには非常に小さいものだったからです。仮に、「離職率分析」ソフトが開発されて離職率が改善されたとしも、費用対効果を考えた場合、効率的なものとはいえません。確かに、離職率分析ソフトは話題性や将来の可能性としては面白いのですが、影響力に関しては小さいものです。「離職率の傾向分析」の場合は、経費は、数千万円の削減に対し、「人の作業効率化」を実施した場合には、人件費の10％が削減できると想定されており、数十億の効果が得られます。急速にデジタル化が進んでいる現在、既存企業である我々は影響力があるものを「察知」し、正確な「決定力」

の下、迅速に「対応」していく必要があります。

そう考えたときに、初期投資額に惑わされないことも、優先事項を決める上で重要になります。例えば、「1000万円投資して、3000万円のリターン」と「1億円投資して100億円のリターン」の2つのマネタイズパターンが存在したとします。最初から、100億円のリターンがあると分かっていれば、誰もが後者に投資するでしょうが、リターンは初期投資の段階では明確には分かりません。そのため、初期投資が少ないものを選んでしまう場合があり、それでは成長するチャンスを逃してしまいます。マネタイズする上で大切なのは、初期投資とリターンとの関係を、知識や経験値を用いながら算出することです。

例えば、経費のマネタイズの例を挙げます。弊社のレジコストは完全人力で運営した場合には、年間40億円かかっていましたが、これをAIで完全自動化できれば30億円前後の節約になると算出し、レジ関連部門に投資を決めました。また、AIカメラによる店舗管理が実現して万引きがなくなれば30億円近く削減できると算出し、万引き関連にも投資を行うことを決めました。マネタイズの基本は「戦略がお金にどのように跳ね返るかを分析して、どのように投資をするか決断する」です。つまり、マネタイズには投資効果を分析する「知識」が必要になるのですが、AI関連の知識が乏しいと、「何をすべきか」「どこと連携するのか」「初期投資がどれくらい必要か」といった算出は困難になります。

知識はAIマネタイズのマネジメントを行う上で基礎中の基礎であり、知識がなければ、どんなニーズやどんな効率化部門があるのかは察知できません。人材に先天的なカリスマ性があったとしても、基礎的な知識がなければ、ニーズを察知して戦略を正しい方向に導くことはできないのです。

■知識の種類

では、ニーズを敏感に察知する知識とはどのようなものでしょうか。ここでいう知識には二つの意味があります。一つは一般的な書物などから得られる専門的な知識、そしてもう一つは、帰納法から得られる経験値に基づく知識です。一つ目の知識を得るためには、自分の仕事に関連する情報を貪欲に学習しようとする姿勢が重要になります。もう一方の帰納法から得られる経験に基づく知識は、書物からの情報だけでは得られません。現実的なビジネスの経験値に基づく知識があることで、多角的に物事が判断でき、戦略に問題点があれば初期段階で見つけ、軌道修正することができます。また、経験値に基づく知識があれば、戦略が失敗したとしても、リカバリーする方法を見つけ出せます。営業マンや管理職にＡＩの知識の必要性を強調するのは、ビジネスの専門知識を持つ人たちが、ＡＩの知識と実用化の経験値を持つ環境を構築したいからです。

例えば、一つのＡＩ戦略が失敗したとします。そのとき、いくら書物からの知識があったとしても、経験値に基づく知識がない場合は、困難な状況にあたふたし、何を修正していいのか、撤退の場合はタイミングはどこなのかが判断できず、変化を恐れ、効率的な戦略を立てることはできません。最悪の場合は、経験値がないために失敗のストレスに耐えることができず、潰れてしまいます。「エリートは挫折に弱い」という言葉をよく耳にしますが、それは彼らが小さい頃から勉強を中心としているため、頭脳明晰で書物からの知識はあるものの、経験値に基づく知識がないので、経験したことのない「困難な状況」に負けてしまうという事態を表しているのでしょう。特に、ＡＩなどデジタル化における戦略においては、目まぐるしく状況が変わります。その状況に敏捷に対応するためには、困難な状況下で判断・決断力を下していく必要があります。この判断・決断を補完する役割にあるのが、経験値に基づく知識です。FAIL FAST とFAIL CHEAPという理念はこの経験値を身に付けるための早く、安く「失敗する」能力にあるのです。アメリカの世界的生活用品企業のＣＩＯは、さらにFAIL A LOT「たくさん失敗する」を付け加えていました。

変化の激しい時代だからこそ、経験値に基づく知識が必要なのです。つまり、多くの失敗を超えて実現させていく環境が不可欠なのです。

書物などからの知識と経験値に基づく知識は、どちらか1つがあればいいというわけではなく、２つの知識がシンクロすることによって初めてＡＩマネタイズという今までにない戦略を実行していくための基礎となります。そして、この２つの知識を兼ね備えることで、「翻訳力」を手にすることになります。

②翻訳力

ここでいう「翻訳力」とは、書物からの知識や経験値からの知識を、事業に落とし込んでいく力のことです。翻訳力を駆使するためには、情報を収集するときの姿勢が重要になります。私は帰納法論者であり、戦略を始める前には、徹底的にその部門の先人たちの書いた本を研究し、多くの先人たちの経験を帰納法で学ぶようにしています。先人たちの成功例・失敗例からは多くのことを学べますが、特に失敗例に関しては、自分たちが失敗しないためには、どのような対策を講じるべきかという大きなヒントを得られます。ＡＩマネタイズ部門に関する成功例・失敗例について書かれたものはまだ多くはありませんが、過去の起業家たちが新しいことを起こそうとしたときの失敗から学び、自分たちの事業にも起こり得ると念頭に置くことが重要なのです。

そのため、私は書物などの情報を頭に入れるときには、ただ読むだけでなく、自身に置き換えて読むように常に意識しています。先人たちの経験を、自身の事業へと「翻訳」をして、実際の戦略に役立てています。そうするうちに、30年以上前に「ＩＴと小売りとの融合」を思いつき、周りから白い目で見られながらも、自身のビジョンを信じ、貫くことができました。読者の方々にもぜひ、私の説明するＡＩ関連の対策を、自身の関係しているビジネスに適応させながら読み解いてほしいと願っています。

■教科書と翻訳力

では、書物などからの知識を、翻訳力を活かしながら、どう戦略に反映していくのかを解説していきます。私は、戦略を立てるときに教科書を決めます。「教科書」とは、戦略の本質に関係する理論や事例が示された書物であり、「教科書」と決めたものは、ただ読んで知識を得るだけではなく、深く読み込んでいきます。そうすると、その部分が自身の戦略とどのように関係しているのか、どのように応用したらいいのかが見えてきます。具体的な方法は、次の通りです。1回目に読むときには、黄色の蛍光ペンで重要な部分にラインを引きます。こうすると、教科書で述べられている概要が頭の中で整理できます。ここで終わってしまっては、ただの「学習」に過ぎません。2回目は自身の戦略を意識しながら、どの部分が戦略に応用できるかを、ピンクの蛍光ペンで重ねてラインを引いていきます。そして黄色部分とピンクの部分の内容を総合的に判断しながら、自身の戦略には、これらの知識や事例がどのように反映されるかを、鉛筆で具体的に書いていきます。鉛筆で書くのは、何度も読み込むうちに戦略の方向性が変わることがあり、それに柔軟に対応するために書き換える必要があるからです。戦略立案時に教科書は何十冊にも及ぶことがありますが、すべての教科書をこのやり方で読みます。一度読んだだけでは気づけなかったことでも、何回も読むうちに、自身の立場ではどのように考えるべきか分かってきます。この「気づき」を元に、会社の事業内容に教科書の知識や事例を置き換えながら戦略を構築していきます。

「翻訳力」について、弊社の社員にも何度も説明していますが、「そんなことは、特別な人にしかできない」と思っている人が大半です。しかし、それは大きな間違いです。私は学生時代、勉強が好きにはなれませんでした。ただ公式を覚えて問題を解くことを、楽しいと思えなかったからです。しかし、20代でビジネスを始めて失敗したことで、30代では世の中の役に立つビジネスを展開したいと、人の何十倍も何百倍も必死に勉強し、事業を行ってきました。そして、30年以上たった今でもビジネスを続けられています。ここまでの道のりは失敗の連続でしたが、これまでビジネスを行ってこられたのは、達成したいビジョンがあったからです。このビジョンがあったからこそ、大きな失敗をした後も諦めず、何がいけなかったのかを考えながら試行錯誤して、何度もチャレンジしてこれました。これが、私の経験値の蓄積を助け、「翻訳力」に反映させながら、新しいことへとチャレンジする源になりました。

③夢中であれ

私は何度も失敗しています。周りの人には「永田さんは精神的に強い」と言われることもありますが、正反対です。自分では「ガラスのハート」だと思っています。失敗するたび、大きな損失が出るたびに、精神的にダメージを受けます。しかし、諦めることはありません。私にはビジョンがあり、ビジョンを達成することに夢中になっているからです。

「努力は夢中に勝てない」という言葉があります。壁に直面したときに、先生や上司から「努力が足りない。頑張りが足りない」と言われた経験があるので.はでしょう。確かに、努力は非常に重要です。しかし最近、「夢中になれる」が成功の要素として大きいのだと強く感じています。確かに、辛いことや嫌なことでも頑張ることは素晴らしいのですが、その状況ではいつか限界が訪れます。ソフトバンクの孫正義氏も東洋経済新聞社のインタビュー記事で、「莫大な投資を行うなかでプレッシャーやストレスはないのですか?」と聞かれて、「私は事業を拡大していくのが好きなんです。仕事が一番のストレス解消法です」と述べていました。努力というと、「苦しいけれど耐えながら頑張る」という状況が多いため、どこかでストレスを感じています。しかし夢中の場合は、目標を達成したいという気持ちが前面に出て、好きだからこそ、目標を達成するための過程はどんな困難があろうとも苦痛ではないのです。

人は「楽しくない。どうでもいいこと」に挑戦するとき、努力で解決しようとしますが、それには義務感に支配され、辛いものです。逆にいえば、目標にワクワクしながら取り組むことができれば、得られる成果は数千倍にもなります。成功する人の多くは、努力だけでは行動しません。成功する人は、今やっていることを楽しみ、夢中になっています。私は今、「ＡＩ」に夢中です。ＡＩエンジニアになるわけではありませんが、ＡＩとリアルな事業を融合させるために、ＡＩ関連用語の勉強はしました。通常60歳を過ぎていれば、もう難しいことなど学びたくないと思います。高齢になるにつれて、最先端技術とは縁遠くなり、テクノロジーに苦手意識を持つようになります。しかし、私はこうした学習を苦痛には感じません。それは、ＡＩを小売業・流通業と融合させ、大きな可能性を実現させることに「夢中」だからです。

私は幸運なことに、創業から40年近く自分のビジョンに夢中になれています。成功してきた事例の何百倍も失敗して、精神的にダメージを受けても、自身のビジョンに夢中だったからこそ、試行錯誤しつつ失敗から多くのことを学び、次の事業に活かそうと行動することができました。この姿勢は今も変わることなく、さらにパワーアップしています。「失敗は財産である」とよくいいますが、諦めてしまっては、失敗は失敗でしかありません。大きな目標のために、「トライ」し続けることで失敗は財産となり、変革を起こせるのです。この「トライ」をし続ける会社でありたいと、「トライアル」を会社名としました。

④決定力と戦略遂行力

さて、知識と経験値を手に入れ、これらを戦略に反映させる翻訳力得られたとしても、実際に戦略を決定し、実行に移していかなければ意味がありません。ここでは、決定・実行に必要な力について説明します。

■決定力

まず判断力・決断力の基礎となるのは、書物などから得られる知識と、経験値から得られる知識、そして翻訳力です。基礎も根拠もないまま、判断・決断を下すのは、ただのバクチに過ぎません。判断力・決断力が有効的に機能するか否かは、基礎となる2つの知識と翻訳力にかかっており、これらがあるかないかで、その精度は全く異なります。そしてＡＩマネタイズに関しては、戦略を決定する際に更なる要素が必要になります。集めた情報から、市場は「今」、何に価値をもたらしているのかを分析して、変化の激しいニーズを読み解いていく力です。

ただ、ここで注意しなければならないのは、１００％正しい判断・決断を下すのは不可能に近いです。なぜなら、ハイパーコネクト時代では、デジタル・ボルテックスが巻き起こり、判断・決断の要素をなす知識は常に変化し、勢力図も目まぐるしく変化する中で、昨日まで正しかったことが、今日は正しくないという状況は多々発生するからです。

マネジメントにおいては、判断・決断、そして戦略の決定は避けて通れません。それがＡＩマネタイズに関するものであれば、今まで行ってきた事業の何十倍、何百倍のスピードで戦略を立てなければなりません。そのときに求められる決定力とは、「正確さ」と「スピード」、つまり「敏捷性」なのです。自分の会社の強みと弱みを知識を基に総合的に判断し、スピード感を持って、戦略を決断していく必要があります。

■戦略遂行力

戦略遂行力に関しては次章で組織力と併せて説明しますが、戦略を実際に行うためには、敏捷な戦略遂行力を持ち合わせる必要があります。この戦略遂行力を最大限に発揮するために重要なものが、「組織と教育」と「徹底力」です。大きな組織が官僚体制にならず、フットワークを軽く新しい事業に取り組んでいくためには、「誰が」「何をするのか」を明確にグルーピングをしてから、「適材適所」を実施し、尚かつモチベーションを保てる評価体制を構築していく必要があります。こうして「働く」環境を整えていくことで、戦略遂行力を高い位置で保てます。このことは、次章で詳しく述べます。

ここでは、戦略遂行力における、個人に求められる「徹底力」について述べます。

■徹底力

ＡＩを事業に活かしていくためには、徹底力で事業に取り組んでいかなければなりません。徹底力の基礎をなしているのは、「本質を見据えて、当たり前のことを当たり前にする」ということです。一見、簡単なようにも思いますが、本質を見据えて、当たり前のことを当たり前にするというのは、日常的なことだからこそ、ルーズになったり、あやふやになったりして、長期にわたって放置されることで、「ただ仕事をする」「何も考えない」という状態になります。この「何も考えない文化」によって、大きなチャンスを逃すことになり、膨大な損失が発生しています。

自分たちの可能性を最大限に引き出し、飛躍するために大切なのは、「一発逆転」のような劇的なことを成し遂げるではなく、一人ひとりが本質を見据えて当たり前のことを当たり前にする」という「徹底力」を持つことです。現在、日本の小売業において圧倒的な勝ち組であるセブン-イレブンは、鈴木敏文氏のもとに、この徹底力をすべての従業員に浸透させたことで、「インフラ」と呼ばれるまでになりました。セブン-イレブンは日々の売上と共に現場を徹底的に分析し、毎日毎日顧客の立場に立って、需要をくみ取りながら、顧客に必要な商品は何であるかを、従業員一人ひとりが積み重ねていきました。その結果、圧倒的な差別化を生み出すことができ、現在売上4兆6000億円を超える(4)組織へと約40年で成長したのです。

この徹底力を発揮させるためにも、「適材適所」と「信賞必罰」を徹底し、組織体制と評価体制を構築することが必要になります。徹底力の実施方法については、次の章で説明していきます。

本質を見据えて、当たり前のことを当たり前にすることは、言葉だけだと簡単なように思うかもしれませんが、日々積み重ねるのは非常に難しいことです。特に、過去に急成長し、成功した体験を持っている既存企業にとって、「本質を見据える」のも「当たり前のことを当たり前にする」のも非常に困難です。なぜなら、成功体験は、その人材の価値観を縛りつける「鎖」でもあるからです。例えば、何か1つ成功したとすると、人はその方法が時代遅れでも固執し、抜け出

(4) セブン-イレブンジャパンHP「企業情報・売上高、店舗数推移」http://www.sej.co.jp/company/suii.html

せません。この鎖により、企業として衰退していった事例は数多く存在します。日本の家電メーカーがその最たる例で、東芝やシャープなどは世界有数の企業であり、第二次産業革命において日本を先進国に押し上げてくれた原動力でした。しかし、その成功体験に縛られて、本質を見据えられず、当たり前のことを当たり前にできない価値観を構築してしまったのです。

私は家電販売に携わって来たことで松下電器との関わりが深く、松下幸之助氏の経営学に感化されて育ってきました。座右の銘は「一歩一歩」であり、25年前の会社案内にも書きましたが、今でもホームページに載せています。この当たり前のことを当たり前に一歩一歩行う重要性を、松下幸之助氏から学びました。松下電器（現在のPanasonic）がデジタルアジリティの時代に復活することに協力できればと思っています。以下で、松下幸之助氏のおっしゃった言葉を引用させて頂きます。

『何事にもよらずひとつのものの成功にはその中心なるものが、常に理想と目標をうちたて、これが実現にあたっては、急ぐほど一歩一歩を力強く踏みしめていくほかにはない。ちょうど、松下電器はこのとおり進んでき、今後もこれを一歩をも出ない方針において歩みつづけるのである。ただ一歩一歩の歩みであるが、たゆまざること大河の流れのごとくあらねばならぬと信じている。一歩一歩の歩みはのろいようであるが、たゆまざれば、またその速度の速さは驚くべきものであることを自覚しなければならない。』―松下幸之助氏談

私たちの会社も例外ではありません。これまで何十年も「本質を見据えて、当たり前のことを当たり前にする」ことが重要だと伝えてきました。しかし、会社が一定の規模に達したことで、

本質を見据えて、当たり前のことを当たり前にするという「徹底力」を意識させることは非常に困難になり、成功体験の鎖に縛られて、徹底することができなくなっていきます。だからこそ、大切になってくるのがＡＩマネタイズを実行できる組織力なのです。次の章で組織力を詳しく説明します。

人間は弱い生き物であり、ほとんどの人は簡単な道を選びます。そして簡単な道を選んだことに対して、「言い訳」を始めます。「十分できているじゃないか」「戦略を変えて、今の利益を保てなくなったらどうするんだ」「ＡＩを取り入れて失敗したらどうするんだ」という保守的で批判的な意見を言い、変化することを諦めます。変化を諦めた時点で、その企業は衰退を始めます。ニーズが次から次へと出てくるなかで、過去の成功体験に縛られて、当たり前のことを当たり前にできなければ、変化の激しい時代には対応できません。

敏捷性を備えFAIL FASTで取り組むことと当たり前のことを一歩一歩行うこと、一見矛盾するこの両方をコンカレント（並行）に行っていける能力や組織が不可欠であり、それが「ゾーンマネジメント」につながっていきます。「ゾーンマネジメント」は次の章で詳しく触れていきます。

この章では、人材に求められる能力、「デジタル適応力」について説明しました。何度も述べていますが、人材は組織の基礎をなします。そして人材の能力が高ければ、組織力が上がります。

ＡＩマネタイズという全く新しい形の競争において、「デジタル適応力」が人材にあることで、競争への土台が出来上がります。逆にデジタル適応力がなければ、競争には生き残れません。

もちろん「デジタルによる破壊が起ころうとしている」「ＡＩの技術をこのように活用できる」を理解することは、ＡＩマネタイズの一歩ではありますが、実際の「デジタル適応力」がなければ、生き残ることはできません。大切なのは「知識による察知力」「正確な判断・決断を下す決定力」「敏捷な実行力」を高めていき、ビジネスへと利用していくことです。そして、これら「デジタル適応力」を高めていくのに重要な要素となるのが、ＡＩマネタイズを実現していく「組織力」です。

第四章

AIマネタイズのための組織と教育

リテール

AI

前章では、ＡＩマネタイズを実現するために人材に求められる「デジタル対応力」をお話しました。もちろん、人材一人ひとりには個別の能力を高めていく努力が求められますが、それと並行して、ＡＩマネタイズを実現できる「組織」の構築や「教育」も同時に実施していく必要があります。「変化のスピードの速さ」と「影響力が及ぶ範囲の広さ」が第四次産業革命の特徴であり、個人でビジネスに対応するのは不可能に近く、「個人×組織」や「組織×組織」での連帯などが不可欠になります。

私が第四次産業革命において組織の在り方が非常に重要になることを認識したのは、Googleの事例を知った時です。

■Googleの事例

私は企業にとって組織体制や教育が重要であるとＧＥの組織編成や教育から学び、２０００年前半の急成長期から、常に組織・教育を意識しながら事業に取り組んできました。この認識がさらに深まったのは、リテールＡＩ戦略が本格化するなかで、Googleが２０１５年に行った組織編成を知ったときです。Googleは２０１５年に大幅な組織再編成を行い、自身をも傘下に収める親会社「Alphabet」を設立しました。この再編成に伴い、インターネット事業はGoogleが継続し、複数のベンチャープロジェクトをAlphabetの支配下に入れることで、大規模になったネットビジネスの本業とは切り離し、独立させる形をとりました。ベンチャー要素の強いプロジェクトの幾つかを大きな資金力でバックアップして企業全体として革新的な動きを行えるようにしたのです。Googleは、「マップ」「ユーチューブ」「クローム」「アンドロイド」といったインターネットサービスの運営を引き続き行っていますが、その一方で、「Google X Lab」や、医療プロジェクト「Calico」のようなベンチャースピリットにとんだ事業に関しては、Googleからの独立性を担保しながら経営資源の分配は親会社のAlphabetが行うことにより、組織の柔軟性を担保しました。

同時に人事も刷新されました。Googleの創業者の一人であるラリー・ペイジ氏が、AlphabetのCEO（最高経営責任者）に就任し、もう一人の創業者セルゲイ・ブリン氏が社長となり、Googleの会長であったエリック・シュミット氏はAlphabetの会長へと役職を変更しました。新生GoogleのCEOは、長い間ペイジ氏の右腕を務めてきたサンダー・ピチャイ上級副社長が引き継ぎました。

ペイジ氏はブログ（1）に、このようにつづっています。「我々は今回の再編成によって、経営規模を向上できると考えている。インターネット事業とはあまり関係のない事業を、独立させて運営できるようになるからだ。Alphabetは、強力なリーダーたちと協力して、それぞれ独立した事業に注力する組織となる」。Googleは、自分たちの企業が「大企業体制」になることに非常に強い危機感を持っており、変化の激しいなかで戦う上で衰退を招きかねないことが分かっていたからこそ、組織の再編成を行ったのです。

ある一定の大きさになった組織を変化させるのは非常に困難であるため、Googleはベンチャー部門と主軸事業とを分けることで動きやすい体制を確立しました。この「分離」という着眼点

（1）Google Official Blog “G is for Google”
https://googleblog.blogspot.jp/2015/08/google-alphabet.html

は、日本の大企業が第四次産業革命のなかで組織改革する上で、大いに有効なものだと考えています。

そこで私はGoogleの組織改革に倣ってトライアルカンパニーが小売業に専念し、トライアルホールディングスはリテールＡＩやほかの企業、ベンチャーとの連携を行う役割を担うよう分社化を行いました。本業の小売業は既に売り上げが４０００億円を程度あり、大企業の組織になりつつあります。いまデジタルアジリティが求められる時代、Googleにならい、柔軟な組織での対応が不可欠と判断したからです。

私は第四次産業革命を成功させる一つの重要な要因は「組織間の連帯」だと考えています。今後求められるのは、変化の激しいデジタル化に対応できる柔軟かつスピード感を持って対応できる組織力であり、またデジタル対応力を得られるように教育システムを構築していく必要があります。しかし、現在の日本の組織体制、特に大企業の体制では「連帯」を結ぶことは難しいと考えています。

この章では、現在の日本企業体制の問題点を解説し、この問題を解決するためにはどのような対応を行うべきかを具体的に説明していきます。その後で、実際に弊社のＡＩマネタイズ実現のための組織・教育を説明していきます。

連帯を阻害する組織体制

第四次産業革命のなかでは、デジタル技術の進化により、市場には顧客の「見えないニーズ」

が次々と発生します。その発生したニーズを、デジタル技術は、素早く満たすことで、さらに新しいニーズが生まれてきます。こうしたサイクルにおいて、「ニーズの変化スピード」と「ニーズを満たすデジタル技術の誕生」は加速していき、対応する組織は、次々に新しいポジションでの戦略展開を行っていく必要が出てきます。そのため、組織には「柔軟性」と「スピード」が求められます。

しかし、日本の組織、特に大企業や官公庁がとっている組織体制である「官僚制」「大企業体制」では、このような変化の激しい状況に対応するのは難しいと考えています。では、なぜ官僚制・大企業体制が、第四次産業革命体制に適さないのでしょうか。

①官僚制の逆機能

官僚制は内部組織の統率を目的とした組織体制であり、外部の影響要因や介入を想定しているものではありません。官僚制は第二次産業革命時、19世紀後半から20世紀前半にかけて、大量生産・大量消費が始まるなかで生まれたものです。企業規模が拡大する時代背景から、大きな組織を合理的に統率する手法として生まれ、ドイツの社会学者マックス・ウェーバーにより「官僚制」と定義づけられました(2)。

官僚制はヒエラルキーと呼ばれる絶対的な階層が設定されたシステムであり、大規模な組織を統率する際に非常に有効な手段とされました。ウェーバーはその特徴を、形式的で恒常的な規則を重要視して運営され、指揮命令系統が明確になる、としています。そして企業では、統制が徹

(2) マックス ウェーバー (著)、阿閉吉男、脇圭平 (訳)『官僚制』恒星社厚生閣 1987/10

底した組織で、大量の商品を安定的に供給するという役割を果たすことができるようになりました。

しかしその後、アメリカの社会学者であるロバート・キング・マートンが「官僚制の逆機能(3)」を指摘し、大企業体制の「マイナス面」が取り上げられるようになります。官僚制の逆機能は、第四次産業革命の下で、いかに大企業体制が時代に合っていないかを指摘することにつながります。つまり官僚制の逆機能は、現在の大企業体制が、いかに変化に対してデメリットであるかを示しています。

官僚制の逆機能では、規則をあまりにも重視するために、「規則にないからできない」という柔軟性に欠ける対応をしたり、官僚制は組織を合理的に動かすことが目的であるため「事なかれ主義」となり、責任回避や自己保身を行うようになったりします。事なかれ主義になってしまっては人は考えなくなり柔軟な対応ができなくなります。これは同時に、第四次産業革命に欠かせないデジタル対応力の基礎である3つの力「察知力」「決断力」「実行力」を崩壊させることにもつながります。つまり、大企業体制のままでは、デジタル対応力を身に付けることも発揮することもできず、デジタルの破壊に対応できないことを意味しています。

第三次産業革命において日本企業がインセンティブを取れなかったのは、組織体制が依然として大企業体制のままであり、変化に合わせた意思決定が素早くできなかったことが一つの要因であると、私は考えています。これは、さらに変化の激しくなる第四次産業革命のデジタル化においては、顕著に表れるでしょう。「ニーズ」や「新しい価値」は、進化するデジタル化によって次々

(3) ロバート・K・マートン(著)、森東吾、森好夫、金沢実、中島竜太郎(訳)『社会理論と社会構造』みすず書房 1961/9/11

に生まれていきます。企業がデジタル化による変化や、新しいニーズに対応するためには、今までの大企業体制という組織運営の方法を変化させる必要があります。特に、日本の大企業は依然として官僚制をとっている組織が多く、このままの体制では、デジタルによって破壊されるのを待つことになります。

②大企業の教育体制

官僚制、大企業体制の特徴を説明しましたが、これらの組織マネジメントは、よく精密機械に例えられます。精密機械の各パーツには何らかの果たすべき機能が与えられており、それらのすべてのパーツが各々の機能を最大限に発揮することにより、全体の目標が達成されます。官僚制・大企業体制マネジメントも精密機械と同じで、最も重視されているポイントは組織という精密機械を運営する役割を担うことであり、「誰がやっても同じ結果になる」ように組織を運営し、人材を教育していきます。

これにより、影響力のある人材がたとえ亡くなったとしても、手続きに則って粛々と同じ対応がなされ、マネジメントが継続されます。

「精密機械の部品」の役割を果たすべく、官僚制や大企業体制における人材育成は、減点法で行われます。つまり、いかにミスをしないかで出世が決まります。そして、「出世コース」というものが暗黙の内に企業内で決まっており、そのコースのなかでミスをしないように平穏に過ごせた人材が勝ち組となり、将来、経営陣に名を連ねることになります。こうした教育システムや組織では、「何か新しい事をやろう！」と考えるのではなく、「与えられた仕事をミスなくこなそう」と考えてしまうのが普通です。

決められたコースのなかで「ミスをしないように」仕事をしてきた人材が、果たしてデジタル破壊が起こり、日々状況が変化するなかで対応することができるのでしょうか。確かに、官僚制や大企業体制で経験を積んだ人材は処理能力は素晴らしいと思いますが、新しい価値やニーズの対応には、処理能力以外にも発想力や柔軟性が求められるようになります。この発想力や柔軟性を持つために必要なのは、「想定外の事態への対応」です。つまり「修羅場」を体験することで、柔軟な対応力を身につけながら、解決するための発想力を養えるのです。企業は、教育体制も見直す時に来ていると思います。

連帯する組織のために

既存企業が、ベンチャーやその他の組織と連帯を行っていくためには、「大企業体制」の変革が必要であることは、明らかです。しかし、組織全体の一新は非常に難易度が高いのも事実です。大企業であればなおさらです。では、組織をどのように運営すればいいのかを、この節で説明していきます。

この解決策として、私が「教科書」と選定したのが、『ゾーンマネジメント 破壊的変化のなかで生き残る策と手順』です。以下で、この「教科書」を私なりに解釈し、組織にどのように活かしていけばいいのかを説明します。

①ゾーンマネジメントとは

第三章で、最先端のトレンドである新規事業と既存事業の多くは、必ずしも相乗効果を発生させないと述べました。新規事業と既存事業とのバランスをとることは非常に難しいといえるでしょう。トレンドに合わせた新規事業を立ち上げた場合、そちらに注力する傾向があるため、既存事業である基礎部分が揺らぎ、企業自体が傾くという事態が実際に多く起こっています。つまり、トレンドばかりを追い求めて新規事業に傾倒するあまり、本質を忘れて身の丈に合わない企業活動を行い、企業全体の基礎である既存ビジネスがおろそかになり、組織としての力を失うことになるのです。ここに既存事業と新規事業を同時に行うことの、大きな「落とし穴」があります。つまり、トレンドの新規事業に流されてしまわないように、バランス感覚のある組織のマネジメントが必要になります。言い換えれば、デジタル化の進むなかで、イノベーションを起こすためには、組織全体のバランスを保って役割分担を明確にしながら、それぞれの仕事を「本質を見据えながら、当たり前のことを当たり前にできる」という体制を構築していくことが重要なのです。この体制の構築の参考になった『ゾーンマネジメント　破壊的変化のなかで生き残る策と手順』の著者ジェフリー・ムーア氏は、現代のビジネスを特徴づける要素は「スピード」と「破壊的変化」であり、こうした環境下で経営者が考えるべきは、破壊的変化を起こす「攻撃側」と、既存ビジネスに破壊的変化が起こるなかでどう対応するかの「防御側」という両面があると述べています。しかし、攻撃と防御の両立は難しく、新規事業を立ち上げた場合、ほとんどの企業は新規事業に注力し、既存ビジネスに、破壊的イノベーションから何らかの影響が出始めたときに初めて守ろうとするのですが、それでは「時すでに遅し」です。

では、具体的にスピードと破壊的変化のなかで、企業はどのように対策していくべきなのでしょうか。『ゾーンマネジメント』では、新規ビジネスで次の波を捕まえることと、既存中核ビジネスで次の波に捕まらないことが必要であり、「攻撃ゾーン」「防御ゾーン」の2つの視点を明確にするべきだと述べられています。この2つのゾーンの目的や目標を明確にした上で、ゾーンそれぞれの優先事項と成果に合致した経営資源配分・投資効果・組織構造・運営手段・成功指標・マネジメント報酬を設定することで、各ゾーンの生産性や効果が最大化し、攻撃も防御も可能になると述べています。

私は、この点においてムーア氏の意見が大変参考になりました。デジタル化に対応するためには資金が必要になります。GEのように巨額の資金や資産があれば別ですが、通常は既存事業をやめてしまえば、デジタル化に対応する経営資源がなくなります。第三章でも述べましたが、既存事業を継続しながらデジタル破壊に対峙する方法が既存企業にとってはベストな対応策であり、この対応策を運営する組織形態として、攻撃ゾーンと防御ゾーンの役割分担を明確にし、各ゾーンに分けて対応していくことが、最も効率的なのです。

では、具体的に「攻撃ゾーン」と「防御ゾーン」の各ゾーンを見ていきましょう。ゾーンマネジメントの考え方では、企業活動を4つのゾーンに分割して、それぞれを最適に運営していく必要性を述べています。この考え方により、「持続的イノベーション」という既存ビジネスの防御を行いつつ、「破壊的イノベーション」という新規ビジネスを創出することが可能となるというも

のです。さらに、企業活動を「収益パフォーマンス」と「支援型投資」に分け、「4ゾーン」に分割しています。4つのゾーンは、

【防御】パフォーマンスゾーン：既存事業を継続して成果を出していく部門
【防御】プロダクティビティゾーン：管理部門において生産性を上げていく部門
【攻撃ン】インキュベーションゾーン：事業開発やR＆Dにおいて新規事業を創設する部門
【攻撃】トランスフォーメーションゾーン：新規事業を拡大していく部門

に分類されます。2ページ先の図は、「ゾーンマネジメント」の解説から、私が作成した各ゾーンの配置を示した図です。

企業全体として成長・飛躍していくためには、4つのゾーン間での情報の連携も重要であり、全体を統括することも必要になります。弊社では、リテールAI戦略を担っていくのはトランスフォーメーションゾーンですが、既存ビジネスの部分を担当するパフォーマンスゾーンやプロダクティビティゾーンとの連帯は絶対的に必要です。各ゾーンは相対的に独立した構造ではありますが、関係性を保ちながら、相互に連携しつつ、攻撃側と防御側の双方をマネジメントしていくことが、スピードと破壊的変化のなかで成長していく方法であると、私は考えています。ムーア氏が説いた「ゾーンマネジメント」は1つの指標であり、その理論が100%当てはまる企業はありません。こうした「教科書」が教えてくれる理論を、「翻訳力」を活かしながら、自分たちの事業へと転換していくことが大切です。

今後の組織運営で重要なことは、デジタル化に対応できるバランス感覚のある組織です。組織全体がこれまでの成功体験にあぐらをかき、「次の波」を捕らえることなく防御ゾーンの既存ビジネスだけにしか目を向けていなければ、組織は確実に衰退の道をたどります。破壊的変化が進む市場が広がるなかで、デジタルが起こす破壊的イノベーションに目を向けず、現状を維持するだけでは、相対的に後退していきます。既存企業には、デジタル化に対応できるセクションが必要になると考えています。

②弊社のゾーンマネジメント

これまで、「ゾーンマネジメント」の概要を説明してきましたが、実際に弊社ではどのような役割分担を行っているかの説明をしていきます。この本の読んでいる方の組織における「ゾーンマネジメント」の参考になればと思っています。

弊社では、リテールＡＩ戦略に対応する攻撃ゾーンと、小売業・流通業の戦略を担う防御ゾーンに対応する組織を構築すべく、２０１５年に組織体制を変えました。攻撃ゾーンを担っていくためにホールディングスを設立し、小売業・流通業の店舗運営はカンパニーが行うことになりました

ホールディングスはリテールＡＩ戦略を中心に行いながら、４つのゾーンを全体的に見て調整していく役割です。現在ホールディングスの社長を務める人材は大手銀行出身者で、新規事業を創設するインキュベーションゾーンに関しても今後は力を入れていく予定でいます。一方、パフ

	破壊的イノベーション	持続的イノベーション
収益パフォーマンス	トランスフォーメーションゾーン（新規事業拡大）	パフォーマンスゾーン（既存事業維持）
支援型投資	インキュベーションゾーン（新規事業創設）	プロダクティビティゾーン（生産性向上）

ォーマンスゾーンは既存事業での生産性を上げていく部門ですが、この部門を担う人材の第一優先事項は収益力の改善や売上の向上です。しかし、弊社のリテールAI戦略は「リアル」と「技術」の融合であるため、リアルを担当するパフォーマンスゾーンの人材の理解と協力が必要不可欠です。そのために設定したのが、「AIストラテジスト」「AIプランナー」「AIエンジニア」という役職です。各ゾーンはそれぞれが独立はしていますが、互いに関連性を持ち連帯をしていくことで、それぞれのゾーンの生産性が上がります。つまり、全体を総合的に見る力を各部門の人材が持っておくことで、組織は本質を見失うことなく、目的意識を持って戦略を遂行できます。各ゾーンの連帯を緊密にするための役職である「AIストラテジスト」「AIプランナー」「AIエンジニア」に関しては、後で詳しく説明します。

「ゾーンマネジメント」を行っていくうえで最も避けるべきは、「ただ割り当てられた仕事をこなす」ということです。このような「何も考えない文化」は包括委任スタイルを蔓延させて、組織を内部から腐らせます。お恥ずかしい話ですが、弊社でも「リテールAI」と言うトレンドに浮足立ち、トレンド事業であるトランスフォーメーションゾーンがすべてのゾーンの目的かのようになった時期があります。これでは、総合的なバランスの取れた組織力は獲得できません。では、実際のゾーンマネジメントを構築するために行っている戦略をお話していきます。

ゾーンマネジメントは、「攻撃ゾーン」「防御ゾーン」の各戦略を明確にした「適材適所」といい換えることができます。この適材適所を有効に活かすための前提として「グルーピング」があります。つまり、有意義なゾーンマネジメントを構築するためには、グルーピングを構築した後に、適材適所を設定する必要があります。そして、適材適所をレベレアップしたものにするためには、評価体制を構築し、人材のモチベーションを常に高い状態で維持していく必要があります。

■グルーピング

グルーピングとは、人材を「やる気」や「資質」で分類していくことです。私が創業して以来よく出会う人材に、「やる気」だけを前面に出す人間がいます。もちろん、やる気があるのは素晴らしいことですが、複雑化した組織を運営し、さらに最先端の技術をマネタイズしていこうとする企業にとっては、「やる気だけ人材」では役割を担っていくことはできません。そこで重要になるのが「資質」です。この「資質」の判断基準の1つになるのが「学歴」です。こういうと学歴偏重型の組織ではと思われるかもしれませんが、そうではありません。あくまでも「適所」を判断するための一つの要素としての学歴なのです。例えば、AI・ITや財務など専門知識を必要としている部署に、全く知識のない人材は配置できませんし、さらに役割を担っていくために、貪欲な知識習得を常に必要とします。そのためには、学生時代から鍛えられた基礎力や、勉強する習慣を持っているほうが圧倒的に有利であり、適材になります。

学歴のある人材がすべてのポジションの素質を持っているのかというと、そうではありません。「伝える力」や、他者とのコミュニケーション能力が低い場合や、さらには「人を率いる力」・「人を巻き込む力」など、「人間力」の部分が欠けている場合もあります。「人に伝える」というのは非常に難しい作業です。伝えるためには、大きなエネルギーが必要になります。学歴が高い人材は、知識を吸収し整理するのは得意であっても、「対人間」になったときや、トラブルに巻き込まれたときに、伝達能力や対応力が欠如している場合があります。逆に学歴がなくても、コミュニケーション能力をはじめ、対応力が非常に高い人たちも多くいます。コミュニケーション能力などが高い人材の適所は「交渉」や「現場」です。現場では実際にお客様と接し、取引相手と交渉するなど、伝達能力・対話力・人間力が必要となります。マンパワーに優れた人材をグルーピングし、現場という適所に配置し、その力を極めていくことで現場の生産性を向上させ、収益力を改善していくことができます。具体的には「マンパワー」に優れた人材の適所は、現場を取り仕切る執行会社です。このような人材配置の判断をする時、グルーピングをしておくと、効率的に「適材適所」を実施できます。

リテールＡＩでのマネタイズのキーポイントは適材適所のグルーピングを行い、その人の不足している知識を教育によって習得させ組織力を上げていくことです。

■適材適所

ここでいう「適材適所」は、人材を見て部署を決めるのではなく、各ゾーンの役割を意識した上で本質を達成できるような組織や、それを担うために必要な部署、つまり「適所」を最初に設定して、そこにグルーピングで分類した資質を持った適材を当てはめていくことがポイントになります。

ここで注意すべきことがあります。ただ、ゾーンやグルーピングをしただけでは意味がなく、重要になってくるのが、それぞれが果たすべき役割を明確にする事です。役割を明確に分けていかなければ、各ゾーンの目的が曖昧になり、結局は「何も考えない状態」のなかで無駄な経費や時間を発生させるだけです。先ほど、各ゾーンの連帯が必要だと述べましたが、それは各ゾーンの役割が明確になった上での話です。各ゾーンの役割が不明確なままでは、デジタル化という破壊力のある状況には対応できません。

ホールディングスの適材適所は、リテールＡＩマネタイズ達成のために設定されますが、この達成のために必要な部門は２つあります。「ＡＩ技術」と「国際戦略」です。

一つ目のＡＩ技術などは、非常に高いレベルが求められる能力であるため、ヘッドハンティングなどで知識と経験値のある人材を採用します。大手メーカーから何人か、高い知識や技術、経験値を持った人材を迎え入れましたが、彼らの積んだ経験は、リテールＡＩマネタイズに向かう上で大きな武器となっています。今後もさらに彼らのような人材を積極的に採用し、新しいＡＩ関連技術を向上させるとともに、組織としての基礎力を向上させていきます。こうした人材の採用は、内部組織でも最先端技術に対応できる人材を育てていくことにつながり、組織力が底上げされます。

ヘッドハンティングを行う上で重要になるのが、「価値基準の理解と共有」です。いくら人材が優秀であったとしても、互いの価値基準を理解し、共有することができなければ意味がありません。優秀な人材だからこそ弊社のビジョンを理解してもらい、そして彼らの大切にしている主義を私たちも理解して、彼らの能力を最大限に活かしてもらえれば、組織力は格段に上がっていきます。
二つ目は国際戦略です。第四次産業革命の及ぼす影響力は私たちの想像を遥かに超えます。こう考えた時に、国際対応できる部署が必要になります。弊社のCIOは、大手メーカー在籍時にシリコンバレーに7年間いて、さらに同地で会社を立ち上げたという貴重な経験を持っています。彼の語学力はもちろん国際ビジネス感覚は、第四次産業革命の性質を考えたとき、貴重なものです。技術と技術との結びつきによって新しい世界が創造され、その結びつきは「世界全体」に及びます。こうした特徴からも、グローバル戦略に対応できる組織編成が企業には求められます。つまり海外でのビジネスに対応する部署が必要不可欠になるということです。

第四次産業革命に関する戦略は、それぞれの事業が外部の専門性の高い組織・人材と連携することで効率的になり、変革を起こす可能性があります。高度な技術・能力・人脈を必要とするホールディングスの事業は、弊社の社員だけでなく、適材を外部から見つけて連帯するなど、柔軟な対応が求められます。ホールディングスの担う戦略や役割は今後さらに専門性が高まることを考えれば、その人が持っている資質・経験値・モチベーションを十分に見極めて、「適材適所」を構築していく必要があります。

カンパニーの適材適所で重要になるのが、「Think Small」の考え方です。この考え方については既に説明していますが、大量出店戦略は、リアルとネットを融合していくリテールAI戦略を行う上で基礎となる戦略です。なぜなら、実店舗でリテールAIは実現できるという実績を積み重ねていけば、リテールAI戦略の信用度が上がり、マネタイズに近づいていくからです。では、既存事業の防御ゾーンに求められる「適材適所」とは、どのようなものなのでしょうか。

既存事業の小売・流通業では、全国に展開している店舗運営を担う必要があるため、転勤は必須になり、残業も発生します。その一方で、カンパニーの従業員のなかには、プライベートを優先させたいという人もいます。どちらが正しいというわけではなく、大切なのはそれぞれの持つ価値観を見つめ直し、自分に何ができるのかを考えることです。

そこで「Think Small」の考え方の下、カンパニーが担う事業を細分化しながら、グルーピングで判断した人材の「やる気」と「資質」を考慮に入れて適所に配置していく必要があります。ほとんどの人は「年収1000万円欲しいですか」と聞けば、「欲しいです。1000万円になるために頑張ります」と言います。しかし、行動と能力が伴わなければ到達できません。例えばプライベートを大切にしたいので、残業も転勤も望まない人に対して、年収1千万円という設定は困難です。

そして、現場のアソシエイトさんや来店されるお客様と実際に接する機会が多いのも、カンパニーの特徴です。グルーピングの所でも述べましたが、現場を担っていく人材には「人間力」が必要になります。

私はこのことを自身の失敗から学びました。カンパニーの部署の中に、商品部という商品を管理している中枢部署があります。私は、「商品部」に若い学歴の高い人材を選抜して、育てようと考えました。若い高学歴人材に経験値を積ませ、総合的な判断・決断ができる、他企業にはいない人材を育てようと考えたからです。10年先、20年先を見据え、組織とともに教育システムも構築して経験値を伝えていこうとする意図が、この配置転換にはありました。しかし短期的に見たとき、この適材適所は大失敗でした。彼らは経験値もなく、また修羅場の経験もない、例えていうなら「温室のバラ」のような状態で、経験豊富なメーカー側の人間に言われるままに、商品の仕入れを行い、大きな損失を生みました。人材育成という長期的な観点からすれば、商品部に若い人材を配置したことや彼らがこうした経験を積んだことには、意義があったかもしれません。しかしリテールＡＩ戦略のベースとなる大量出店戦略を早急に進める必要のあるカンパニーの中枢部署の意思決定をする人材としては、「適材」とはいえませんでした。若手に学ばせるにしても、コーチングできる教育担当者が重要で、商品部という大きな枠で考えるのではなく、小さい範囲で考えて責任を担えるかどうかを判断し、その人材ができるのであれば任せて、経験値を積ませていくべきでした。私は、先ほど修羅場を経験することが、人材には必要であると述べましたが、それは人材に一定の経験がある場合です。経験値が何もない人材にいきなりすべてを任せてしまっては、企業としても大きな損害であるとともに、人材の資質を潰すことにもなります。

■評価体制

「適材適所」を駆使した組織体制を築いて次に必要になるのが、その組織を高いレベルで維持するための「評価体制」です。モチベーションを考慮しながら、適材適所を構築していくことが重要であり、「明確さ」と「公平性」が求められます。

同じ仕事内容を行っているにもかかわらず、一人は評価され昇進し、もう一人は評価されずに残留するといった事態が発生したときに、人材のモチベーションが下がり、組織全体の士気にも関わります。こうした士気の低下を防ぐために必要なのが、「明確」かつ「公平」な評価体制です。では、何を持って明確な評価体制とするのかと言えば、「給与」や「ストックオプション」の基準を明確にすることが挙げられます。つまり、目に見える形で、評価を明快に設定する事で、透明性を確保します。明確な「評価体制」を構築できれば、組織はより良いものになっていきます。

では、どのようにして明確さを確保すればいいのでしょうか。例えば、同じ部署の同じポジションのＡさんとＢさんがいます。Ａさんは戦略達成のために、悩みながら考え、事業に主体的に取り組んで成果を挙げました。他方、Ｂさんは、言われた仕事をこなすだけでした。このＡさん、Ｂさんが、同じ給与やインセンティブではモチベーションが下がるだけでしょう。どんなに自分で考えて行動し、事業に貢献できるように頑張ったとしても、頑張った事が評価されなければやる気を保つことはできません。頑張っても頑張らなくても得られるものが一緒だという事になれば、モチベーションを保つどころか、他人に仕事を任せ、包括委任スタイルを増長させ、「何も考えない文化」が蔓延することになります。

明確かつ公平性の高い評価体制を構築するためには、以下の２つの要素を挙げられます。

ＫＰＩ

弊社では給与などを決定する基準を明確にするために、ＫＰＩを取り入れた評価制度を創設しました。ＫＰＩは明確性を確保するための手段であり、数値目標・予算達成率など、さまざまな角度から評価を行います。

ＫＰＩは「Key Performance Indictor」の頭文字を取ったもので、日本語では「重要業績評価指数」となります。目標数値に対してどのようなパフォーマンスをしたのかを見ることで現状・課題を把握し、今後の戦略を立てるために役立てます。ＫＰＩを取り入れた評価制度の長所は、人間特有の「情」を極力排除し、一定のルールに基づいて、給与などを明確に決めていく点です。基準を明確にすることで、自分の給与やポジションが、「どんな時」に「どのように変わるのか」という一定の評価を明白に示していきます。明確な昇進や昇給のタイミングが提示されることで、短期的な目標を立てやすくなります。短期的な目標に向かって邁進することで、「やりがいのある仕事」という意識が生まれます。つまり、明白な評価制度のもと、それに見合う給与を得られる会社にしていくことで、働いている人に「やる気」を常に持ってもらえる組織にしていきます。

イノベーション力

次に、仕組みづくりに貢献した評価の1つとして「イノベーション力」も取り入れていきます。イノベーション力は「公平性」を担保するための手段です。この「イノベーション力」の対象は仕組みをつくるポジションについた人材ですが、単純に仕組みづくりを担う人材のみが「イノベーション評価」されるのではなく、幅広い適用を考えていきます。

仕組みに関係する役割には、大きく分けて2つあります。仕組み自体を作る「デプロイヤー」

と、仕組みを最適化していく「オプティマイザー」です。「イノベーション力」の評価対象の前提を考えれば、デプロイヤーにだけ「イノベーション評価」は適応されますが、オプティマイザーは何も考えなくていいというわけではありません。例えば、転勤なしの店長職のままでいたとしても、いい仕組みをつくることには参加できますし、ＱＣサークルのような現場の改善行動を担う人材を仮にオプティマイザーデプロイヤーとしましょう。この「オプデプ」もイノベーション評価の対象に含まれます。

仕組みづくりに関するイノベーション力を評価する方法としては、ストックオプションで対応しようと考えています。会社に著しく変化を起こすことを提案できた人材には株式を一定価格で買える権利を付与します。この権利を得た人材が、さらなる効率的な仕組みづくりを構築することで、弊社の株式は上がり、その人自身の資産も増加することになります。

給与を上げる・ポジションを上げる・ストックオプションを付与するなどの方法で、可能性のある人材への評価を明確にかつ公平に行うことで、モチベーションを上げながら、評価体制を確立していきたいと考えています。

リテールＡＩでマネタイズを成功させるか否かは、その組織をどう構築するかにかかっているといっても過言ではありません。そのためには、ここで説明したようにグルーピングを実践し、戦略の本質を考えながら「ゾーン」を設定し、各ゾーンの目標を達成するために必要なポジションを設定します。そして、各ポジションに適した人材を配置し、適材適所を実施しながら、明確な経営資源の配分を行い、モチベーションの高い組織にするために公平な評価体制を構築していくことで、「ゾーンマネジメント」が円滑に行えます。ゾーンマネジメントが円滑に行えることで、デジタル化に対応する組織力や、「連帯」に必要な基礎を構築する事ができます。

「人材」は組織の宝です。人工知能が知識量で人間を上回る「シンギュラリティ」は必ず起こりますが、この革新的なAIを経済に活用していくのは、他ならぬ人間なのです。人材を最大限に活かせる組織体制をつくることが重要になります。

実現可能な体制「連帯」

大企業の組織はデジタル化に対応するために変革を求められます。しかし組織が大きくなればなるほど、その難易度は上がります。もちろん、弊社も例外ではありません。現在はゾーンマネジメントという概念を活用して役割分担を変えてみたり、新しい風となる人材をヘッドハンティングしてみたりとさまざまな取り組みをしていますが、それでもイノベーションを起こすパワーは弱いと考えています。企業のパワーを最大限にするためには、ベンチャーのように組織体制に一新することが考えられますが、すでに従業員が2万人を超える弊社では組織の一新は混乱を招き、衰退する恐れもあります。

こうした状況に対応するために一番有効な手段が、ゾーンマネジメントによる組織間の「役割分担」と「連帯」だと考えています。連帯とは「イノベーションを起こす」「変化を楽しむことができる組織や人材」を内外から見つけ、「連帯」をしていくことが、リテールAI戦略の成功につながると考えています。つまり、企業がＡＩ事業に取り組む場合、こうした人材や組織と連帯できる体制へと改良を加えながら、組織の在り方を考えていくのが現実的です。

では、具体的な「連帯」として、どのような方法があるのかを見ていきます。

①可能性のあるベンチャーへのＣＶＣ

最近はＣＶＣ、Corporate Venture Capital（コーポレートベンチャーキャピタル）という動きが活発化しています。ＣＶＣとは、投資事業を主体としない会社によるスタートアップやベンチャー企業への投資、およびそのような投資を行う事業会社のことを指します。ＣＶＣの投資基準は会社によって異なりますが、その業界発展への貢献など、事業としての価値を主に評価しています。また資金だけでなく、技術やビジネスパートナーシップなども提供して、総合的に支援するケースもあります。

このＣＶＣの動きによって、市場に生まれる新しいニーズに対応できるのではないかと考えています。間接金融に頼ってきた今までの企業活動ではなく、より成長性のあるスタートアップ企業に直接金融で資金が投資されることは、組織間の「連帯」をする上で、良い環境ではないかと思います。しかし、ＣＶＣの投資資金の多さと投資基準の甘さにより、実際の企業価値以上に評価されている企業が多い現状は危惧しています。

②ベンチャー企業の変化にも着目

最近のベンチャー企業は、以前のベンチャー企業とは少し性質が変わってきています。この以前とは違う性質を理解することが、「連帯」をよりスムーズにすると考えています。

変化の1つ目が、シリコンバレーをもじって「本郷バレー」といわれてるように、東京大学をはじめ、優秀な理系の人材がベンチャー企業を起業している点です。東大をはじめ旧帝国大学は、もともと学術研究や官僚を育成する目的で設立された経緯から、1990年代までは国家公務員や国内の大企業を希望する学生が多かったイメージがあります。しかし最近は東大などの出身で、ベンチャー企業を設立する人が多くなっています。現在の若い人たちの意識の変化が日本が第四次産業革命でイニシアティブを握っていく上で非常に重要だと思います。

さらに、ベンチャーを設立する年齢に関しては30代以上が多く、大学卒業後の20代には企業で学び、ある一定の経験値を持ちながら独立し、ベンチャーとして新しい技術でデジタル化を進めるべくビジネスに取り組んでいる人たちが多く見られます。

最近のベンチャー企業のほとんどは、プラットフォームビジネスの展開を目的としています。彼らが持っているポテンシャルや技術と連帯することで、リテールAI戦略を成長させ、AIマネタイズを実現させていきたいと考えています。こうした点からもAIマネタイズを実現する組織にとって、ベンチャー企業へのCVCによる「連帯」は重要です。

私たちも彼らの技術をAIカメラやサイネージ、タブレットカートなどのAIインフラを使いながら、店舗というインフラや実際のビジネスの場で成長させることができればと考えています。

しかし、一方でＣＶＣが異様なほど活発化している現状に懸念もあります。その懸念とは、「資金調達の容易さ」と「向上心の欠落の危険性」です。ＣＶＣの場合、銀行融資などからの間接金融に比べて、各企業が資金提供の可否を判断するための審査が簡素化される場合があります。銀行などの貸し付けは「お金がある人にお金を貸す」とまでいわれるように、非常に厳しいものですが、ＣＶＣの場合は、審査基準を各企業が設定するため、審査が緩やかな可能性があります。ＣＶＣを多くの企業が行っている現状では、ベンチャー企業は、失敗や壁に直面したときに、その会社からの資金援助は諦めてすぐに別の会社を探すといった動きを見せることが考えられます。

そうなると、ビジョンを研ぎ澄ましていくという点で、マイナスに作用するのではないかと、私は懸念しています。人間は弱い生き物です。嫌なことがあれば楽なほうに逃げます。そして逃げるという行為は、癖になることを、多くの人を見て知っているだけに、そう感じるのです。さらに、簡単に手にした資金によってある一定のレベルまで企業が成長したときに、ハングリー精神をなくし、それ以上の成長を望まないという形になってしまえば、連帯をする意味を失います。

連帯を進めることで、企業単体で事業を行っていく閉ざされた状態から、情報やデータを共有していくオープンイノベーションへと繋がり、イノベーションを起こす時間を短縮できるようになります。「オープンイノベーション」と時間の短縮については、次の章でさらに詳しく解説します。

③既存の大企業との連帯

我々の取引先であるメーカー、問屋とのリテールＡＩに向けた連帯は非常に重要で、大きな影響力を持ちます。そして、広告代理店や家電メーカーとの連携も不可欠です。しかし、ここでの留意点はトップダウン体制のもとトップとの交渉が不可欠になります。リテールＡＩはデジタルディスラプターとして、既存の常識や勢力を壊すことになります。そのときに最も重要なことは、トップの判断で連帯を決定していくことです。

ボトムアップでの担当者からの起案では、トップに行く前に消滅してしまいます。トップ会談こそが既存大企業との連帯のポイントです。そして、ＡＩ技術を持つプラットフォーマーとの連携は、ＡＩの技術獲得においては絶対に不可欠なテーマです。Googleやマイクロソフトなどの高度な技術を持つ企業とどのように連帯していくのかも、キーポイントとなります。

リテールＡＩマネタイズの組織力

ここでは、リテールＡＩマネタイズ戦略の実現に焦点を絞って、実際に弊社で設定している役割分担や体制を具体的に説明していきます。

リテールＡＩ戦略はリアルとネットを融合した戦略であり、この融合のためにはゾーンマネジメントにおける攻撃と防御を総合的に行っていく必要があり、マネジメントとＡＩの両方を理解する人材を各ゾーンに配置することが必要になります。そうすることで、各ゾーンとの連携を取りながら、リアルとネットの融合を推し進めていくことができます。

①AIーストラテジスト・AIープランナー・AIーエンジニア

リテールAIのマネタイズは、単にシステムのプログラミングを作るということではありません。このリテールAIマネタイズ戦略に欠かせないのが、マネジメントを行っていく人材がどれだけAIの専門知識を理解しているかであり、人材がAIの専門知識をどれだけ吸収できるかで、経験値とAIを融合させていくことが現実的になります。これまでのように人海戦術で戦略をすべて行っていくならば、時代に取り残されお客様のニーズに応えることはできなくなります。流通の「専門知識」を持つ人材が、「AI」の「専門知識」を得て、その知識や経験値を戦略に反映させていく必要があります。

ここでポイントとなるのは、創業期メンバーと呼ばれる重鎮たちも、AIの専門知識を学習する、ということです。なぜなら企業の急成長期の戦略を一番熟知しているのは、重鎮たちだからです。このようなマネジメントを熟知した人材がAIの専門知識を得て、戦略で活用するポイントを見つけることができれば、新しい着眼点に立てると考えます。

通常このようなポジションの人材が、会社が新しい戦略を始めるときに一から学習することはしないでしょう。専門的知識を持つ人材が実質的に戦略を決定し、形式的に重鎮が承認する形になると思います。しかし、それではこれまでの官僚制と何も変わりません。全部の組織を変えないまでも、変化に柔軟に対応できるように組織を改良しなければなりません。そのためには、組織全体で主体的に判断できるようにしていく必要があります。柔軟性があり、かつスピード感にある組織を構築していきます。

では、流通×ＡＩを実現するためには、人材にどのような役割を与えるべきかを具体的に説明していきます。役職としては、「ＡＩストラテジスト」「ＡＩプランナー」「ＡＩエンジニア」に分かれます。

■ＡＩストラテジスト

「ＡＩストラテジスト」は、リテールＡＩの方向性を決定し、未来戦略を決定する人材です。ＡＩストラテジストが最低限押さえなければならないのは、第四次産業革命、ＡＩ、現在急速に広がっているクラウドビジネスの概要などを、戦略にどのように反映させていくかを包括的に理解することです。そうすることで戦略の方向性を決定し、「流通・小売×ＡＩ」をどうすればマネタイズできるかの方向性を導き出すことができます。この役割を担うのが、「ＡＩストラテジスト」です。

ＡＩストラテジストは、「レガシーストラテジスト」と「パワーストラテジスト」に分けることができます。レガシーストラテジストとは、ビジネスの経験やノウハウは十分にあるものの、ＡＩは自分には全く関係ないと思っている人たちにＡＩの知識をつけてもらい、自身の経験やノウハウとＡＩを融合させながら、戦略の方向性を出していく人材です。レガシーストラテジストの多くは、今までの経験や高い役職により、一般的には「ＡＩを理解していなくても仕方がない」と放置されるのが普通であり、多くの企業はこの状態です。しかし弊社は、このような状態にはしません。リテールＡＩ戦略という大きな波に乗ろうとする時、重鎮といわれる人にこそ、自身の戦略とＡＩを融合しながら新しい戦略を構築してもらう必要があります。レガシーストラテジストたちがＡＩの知識を持つことは、リテールＡＩの流れを弊社に呼び寄せる大きな起爆剤になると考えています。

多くの大企業もＡＩなどの技術を戦略に活用していこうとしていますが、大幹部たちはＡＩの知識を持つことなく部下に任せようとします。しかし、それでは包括委任の状態になり、「考える」というデジタル対応力に一番重要な要素が欠けてしまいます。常に考える組織であるためにも、マネジメントする人材すべてにＡＩの知識を持ってほしいと考えています。

次に「パワーストラテジスト」とは、既に一定のコンピューターの知識がある人材が、ＡＩの知識や技術を習得し、自身の小売・流通業でのマネジメント経験やノウハウと融合させて戦略を構築していくことで、高度なリテールＡＩ戦略を実現する役割です。ＣＩＯやＣＴＯのレベルの人たちを指します。

リテールＡＩ戦略を実効性のあるものにしていくためには、小売・流通業とＡＩテクノロジーとが深いレベルで融合した戦略を構築することが求められます。こうした深いレベルでの技術的融合を実現するためには、ＩＴの技術を持っていることが条件となります。C言語やJavaなどのプログラミングの知識もあり、仕様書が書ける力が必要になります。各組織のマネジメントのトップに立つ人材にＡＩ知識を高いレベルで理解してもらうことが求められますが、一般的には難しいでしょう。しかし、30年間ＩＴ企業であり続けてきた弊社では、このレベルの人材が多く存在し、各組織のマネジメントを行っています。各部門のトップがＡＩに関して深い知識を持つことで、より現実的なＡＩ戦略を実現できます。そうなればＡＩエンジニア・ＡＩプランナーとの有意義な議論へとつながり、これまでにない高いレベルで戦略を実現することができます。弊社のような人材がいない場合は、こうした人材を育成することが急務となります。

仮に、戦略を構築する人材がＡＩの知識を持たず、漠然と「こんな戦略をしたいから、対応するシステムを作って」と言ったとしても、エンジニアは言葉を表面的に理解するにとどまり、戦略立案者の意図は読み取れません。また、できたプログラムについてエンジニアから説明を受けたとしても理解できず、改善点を的確には指摘できないため、非効率的に戦略を進めることになります。一方、マネジメント側にＡＩの知識があれば、エンジニアとの意思疎通が深いレベルで円滑に行われ、戦略は厚みを増していきます。そうなれば、より高いレベルでリテールＡＩ戦略を実施することができます。

ＡＩの知識を持たず、ただマネジメントの方針だけ出すというのでは、従来の官僚制、大企業体制と変わらず、イノベーション力は弱いものになります。専門知識がないとコンサルタントやＩＴベンダーに任せてしまう企業が出てきますが、彼らは業務のことをほとんど把握しておらず、オープンソースで取り組むノウハウもないため、今日の新しい動きとは逆行する恐れが大きいと考えています。

■ＡＩプランナー

ＡＩストラテジストが方向性を決めた戦略に対して、具体的にどの技術を適用していくのかを考えるのが、「ＡＩプランナー」と呼ばれる人たちです。例えば、ＡＩストラテジストが売り場環境において、「生産性を上げるために従業員一人ひとりの行動をチェックして、カメラを使ったＡＩの技術を活用したい」と提案したとします。この提案を受けてＡＩプランナーは、「カメラを活用して従業員の行動をチェックするためには、どの技術を適用させ、誰がそれを担っていくのか」ということを具体的に考えていきます。データ処理における機械学習、アプリプログラミングの技術提供サービス、大容量のデータを処理するアプリ開発などの技術を具体的に事例研究しながら、戦略にあてはめていくのがＡＩプランナーの仕事です。つまり、ＡＩプランナーは、ＡＩの知識や技術を、中身まで知る必要があります。

「どの技術が自分たちの戦略に適用できるか」や、「技術を、どのように加工し応用していくか」を考えてくだけの知識が求められます。

ＡＩプランナーに関しても「ソリューションプランナー」と「テクニカルプランナー」の2つに分けることができます。ソリューションプランナーは、レガシーストラテジストと同じように概要を理解し、各戦略と結びつけて細部を決定していきます。例えば、営業を担当する人材は、商品についてや営業手法などの知識があります。これらの知識を、ＡＩ技術でどう改善していくかの指針を提示するのがソリューションプランナーの役割です。そのためには、ある程度の知識を持たなければ解決法は提示できず、「営業×ＡＩ」は進んでいきません。

テクニカルプランナーは、ＡＩエンジニアと近い状態で、「どのような技術で」「どのような人材を使い」「どのように戦略設計」をすれば、ＡＩが実際に現場で稼働しマネタイズできるかを考えていきます。

これら2つのＡＩプランナーは、現場との「つなぎ役」も担っていくため、現場の人材に新しいシステムなどを説明できるだけのＡＩの知識が必要になります。

■ＡＩエンジニア

ＡＩ技術をリアル店舗の実践で使えるまでに発展させられるかが、リテールＡＩマネタイズを成功させる重要な要素になります。この技術開発の役割を担うのが「ＡＩエンジニア」です。ヘッドハンティングした高い技術を持ったエンジニアや中国のエンジニアにより、よりレベルの高いプログラミングやシステムを構築できる組織にしていきます。このＡＩエンジニアは、新しい技術を理解し、その技術をリテールＡＩという場で運営しながら「ＡＩインフラ」をトレードオフしていくための技術を開発していきます。

■中国エンジニア２０００人体制

私たちがＡＩマネタイズを進めるための組織の目玉となるのが、「中国エンジニア２０００人体制」です。２０１７年９月には、中国のエンジニアを現在の３００人から２０００人にすることを決定しました。この体制の下で早急な技術開発を実施しようとしています。

弊社は数年前、中国に多い時でエンジニアを７００人雇用していましたが、２０１７年には３００人程度にまで縮小させ、中国でのエンジニア採用は控えていました。しかしその状況は一気に変わりました。リテールＡＩの部門でインセンティブを取ろうとしている弊社では、中国のエンジニア体制を強化し、最大限に活用することが望ましいと判断しました。

　そもそも、なぜ中国のエンジニア育成を縮小したかをお話します。中国の人材はある程度の知識と経験をつけたら、より条件の良い企業へと移ってしまい、長期的な人材育成の観点からすると非効率だったからです。弊社は中国人エンジニアに技術を教え、日本での研修で、日本語も学べる環境を提供しました。エンジリアニングの技術を持ち、かつ日本語・中国語もできる人材へと成長することで、多くの企業から求められる人材となります。弊社も段階的に給与を上げたりして、組織体系を変化させましたが、目の前に今より高い給与を提示されてしまうと、そちらを選択してしまう人がほとんどでした。

　中国のエンジニアに弊社の価値基準を持たせることは難しく、彼らが企業選択をする上で最優先事項は資産形成です。こうした背景から中国の人材を育てるのは非常に難しいと考えるようになりました。しかし、この出来事は人材の選抜に大いに役立ちました。このような状況下で残った中国のエンジニアは、日本人と同じように確固たる価値基準を持ち、将来を担える人材だったからです。２０１７年当初は、このように選抜された人材だけで十分だと考えていました。

　しかし状況は変わり、我々は早急にリテールＡＩマネタイズに挑んでいく必要があります。しかし、日本人のエンジニアを大量に集めることは、非常に難しいです。ちなみにエンジニアには、データを処理加工するデータサイエンティストと、PaysonやTensorflowなどのオープンソースを使い、１からプログラミングを行うエンジニアとがあり、こうした最先端の技術を駆使したプログラミングができる日本人エンジニアの絶対数は、中国に比べて非常に少ないことも事実です。こうした状況下で、データサイエンティストやエンジニアを日本だけでリクルートしていては、リテールＡＩマネタイズ戦略を数年以内に現実のものにすることは不可能です。さらに国内のデータ処理コストが今後上昇すると見られるだけでなく、多くの企業がデジタル化戦略に参入するなかで国内のエンジニアやデータサイエンティストの求人は、圧倒的な売り手市場になります。実際、データサイエンティストの国内求人は既に一年間で6倍になっています(4)。このような環境下で、再び存在感を高めているのが中国です。

中国がエンジニア市場でもつ優位性は、政府がＡＩに深く関与しています。中国政府は２０１７年7月に「次世代ＡＩ発展計画」を発表しました(5)。この計画は、ＡＩを「国際競争の新たな焦点になり、将来をリードする戦略技術」と位置づけ、3段階に分けてＡＩ産業に予算を投入していくと発表しました。第一段階は、２０２０年までにＡＩの全体的な技術とその応用を「世界先進水準に引き上げる」とし、関連産業も含めて約17兆円の投資を行います。第二段階は２０２５年までで、一部技術と応用を「世界トップ水準に向上させる」ことを目標に設定し、中国産業のアップグレードと経済の構造転換を牽引する主要な原動力へと成長させるべく、関連産業も含めての投資額は85兆円を予定しています。そして第三段階として、２０３０年までに「ＡＩ関連すべての分野で世界トップ水準」に引き上げ、中国を世界の主要な「ＡＩイノベーションセンター」にするという目標を設定し、関連産業を含めた投資規模は１７０兆円としており、約10年で産業規模を10倍にすると発表しています。この政策の効果は既に表れており、２０１７年

(4) 日経新聞社デジタル「AIに不可欠 データ人材争奪戦　求人、1年で6倍」(2018/1/19) https://www.nikkei.com/article/DGXMZO25886920Z10C18A1I00000/
(5) Business Insider Japan「中国AI大国への国家戦略——2030年に170兆円産業に。軍事面で米脅かす存在にも」 2017/12/28 https://www.businessinsider.jp/post-109079

に世界のＡＩ関連スタートアップ企業は約1兆６２００億円の資金を調達していますが、その48%は中国からの投資が占めており、2位のアメリカを引き離しています（6）。このような国を挙げたＡＩ戦略を考えれば、中国に拠点を持っていることは大きな利点になると判断しました。仮に、中国で採用した人材が数年後に辞めるとしても、リテールＡＩにおいてインセンティブを担えるかどうかは、あと2年が勝負です。そのため、短期的な人材確保であっても、中国でエンジニアを大量採用した方がリテールＡＩのインセンティブに関しては有効であるという結論に至りました。

政府のバックアップ体制がある中国で、大規模なエンジニア体制を構築することには大いに意義があります。創業期から「ＩＴ×流通」を実現しようとＩＴへ投資を行い、２００３年からはSMARTやペイサーなどの技術を具現化すべく、中国にエンジニア拠点を構築したことが、リテールＡＩが本格化しようとする今、弊社に大きな優位性をもたらしてくれました。ＡＩなどの技術開発の拠点を今から中国に作ろうとしても、何の基盤もない状態ではすぐには組織形成ができず、おそらく年単位での時間が掛かるでしょう。その点弊社は、すでに基盤があるので早急に対応することができます。

大量のエンジニアやデータサイエンティストの確保がリテールＡＩには欠かせません。ここ2年の間にリテールＡＩ部門でインセンティブを取れるかどうかで、トライアルグループの未来戦略を左右されます。つまり、多くのエンジニアを確保してリテールＡＩを実現していくためのアプリやシステムの基礎を早期につくることが、最優先事項になります。そう考えた時に、日本以

(6) CB insights" Top NY VC-backed exits. China's AI funding. A new unicorn." (2018/2/16)
https://www.cbinsights.com/research/in-ai-china-us/

外でエンジニアを確保する必要があります。

もちろん中国人エンジニアの離職率をそのままにするつもりもありません。中国の組織も、前回の失敗の問題点を洗い出し、リカバーし、中国人エンジニアの雇用体制を総合的に考えていく必要があります。具体的には、エンジニアとして十分に経験値を積んだ人材は給与面などを日本人と同じ待遇にし、日本への転籍も可能にし、中国での労働環境をさらに充実したものにします。海外で組織を構築する際に十二分に考慮しなければならないのが、その国の「文化」です。中国では、儒教の教えが文化形成に大きな影響を与えており、両親の面倒は子供が見るというルールが今もなお根強くあります。こうした文化背景を考慮に入れながら働きやすい組織を構築していくことが、離職率を下げ、かつ人材育成を効率的にすると考えています。

大企業ほど組織全体を変えることは難しいと思いますが、そうであるならば、一部の組織を変更し、デジタル化に対応する「独立性」の高い部署を作るなど、デジタル化に対応できるようにする対策が必要になります。ここで、「独立性」という言葉を使ったのは、デジタル戦略を扱う部署は、柔軟で敏捷な動きが必要になるからです。そうであるならば、大企業体制の中に組み込んでしまっては、こうした対応力をつける事はできません。

この章でも何度か述べましたが、ＡＩマネタイズ戦略は、時間との勝負でもあります。次の章では、戦略を推し進める上で、どのようにマネタイズを一般社会に浸透させていく時間を短縮し、それに対応していく方法を説明をします。

第五章

時間軸短縮とオープン・イノベーション

ここまで、第四次産業革命下のＡＩ関連戦略において重要なものは、「柔軟性」と「敏捷性」であることはご理解いただけたと思います。柔軟性に関しては第四章で述べました。この章では、変化に対応するスピードに、どう「敏捷」に対応するべきかを説明していきたいと思います。前にも触れていますが、ここでは、あえて迅速でも俊敏でもなく、「敏捷」という語を選びました。敏捷とは「動作に無駄がなく、素早い様子」を表しており、チーターが獲物を捕らえるときに、一気に加速して捉える動きなどをいう語だからです。私たちも、第四次産業革命に臨むとき、ターゲットを設定して、一気に動く必要があるため、敏捷という語が一番合うと感じています。

第四次産業革命の特徴として真っ先に挙がるのが、「変化のスピード」です。デジタル技術と市場の見えないニーズとが相互に関係し合い、今までにないスピードでニーズが満たされることによって、市場はこれまでにない「変化力」を持つようになります。この変化力は、産業構造全体に大きな変化をもたらします。言い換えれば、スピード感を持って変化に対応していくことができれば、第四次産業革命に関係する戦略は成功に大きく近づきます。変化を敏感に捉え、一歩先の戦略が構築できれば、デジタルの渦の中心に自分たちを置くことができ、多方面の産業を巻き込みながら大きな影響力を持てるようになります。

では、「どのようにしてスピード感のある対応をしていくのか」ということがテーマになります。この章では、スピード感のある対応をするために有効であると私が考えているマーケティングやマネジメントの理論を紹介し、その後、弊社の戦略に当てはめながら説明していこうと思います。

この章でキーワードとなるのが、「キャズム理論(1)」と「オープン・イノベーション」です。後で詳しく説明しますが、キャズム理論はジェフリー・ムーア氏によって提唱された理論であり、ハイテク技術を一般社会に普及させていくときには「キャズム」と言われる深い「溝」が存在しており、このキャズムを越えるとで、広く技術を普及させることが可能になると言われています。リテールＡＩマネタイズ戦略の最大の課題である一般社会への浸透を促すためには、キャズムという溝が存在していること、この溝を「どのようにして越えていけばよいのか」「越えた後にはどのような戦略を展開していく必要があるのか」を知ることが重要になります。そして、リテールＡＩ戦略だけでなく、ＡＩ関連戦略やハイテク関連戦略を行う際にもキャズム理論は大きなヒントになります。逆にいえば、キャズムの存在を認識しないままに、ハイテク関連市場の戦略を実施しても、ある一定の段階から普及が止まり、そこで戦略は終わってしまいます。つまり、キャズムの存在を認識しているか否かで、ハイテク産業戦略の成長スピードが左右され、戦略の時間軸に大きな影響を与えることになります。

ハイテク戦略に存在する独特の「キャズム」というマネジメント理論を理解した上で、次に考えるべきは、ハイテク戦略をどのように普及させ、成長させていくのかです。この普及、成長に大きく関係してくるのが「オープン・イノベーション」です。オープン・イノベーションとは、企業間や組織間で情報や技術を共有し、連携して戦略を行っていくことを意味しており、変化の激しい今後の産業構造に欠かせないシステムだと考えています。

ここではまず、ムーア氏が唱えたハイテク産業に存在するキャズム関連の知識と、それを越え

(1) ジェフリー・ムーア（著）、川又政治（訳）『キャズム』翔泳社 2002/1/23
ジェフリー・ムーア（著）、川又政治（訳）『キャズム Ver.2 増補改訂版 新商品をブレイクさせる「超」マーケティング理論』翔泳社 2014/10/4

るためにはどのような対策が必要なのか、そして、キャズムを越え、商品やサービスを普及させながら成長していくための時間軸を短縮するには、どのような対策をすればいいのかを説明します。その後、弊社が行っている時間軸の短縮とオープン・イノベーションに関して具体的な戦略を紹介していきます。

ハイテク戦略と「キャズム」

「リテールＡＩマネタイズ戦略は、ここ2年が勝負だ」と前述しましたが、これは他のハイテク戦略にも当てはまります。つまり、時代の変化を読み解きながら、いかに柔軟かつ敏捷に戦略を行っていくかが、インセンティブをとる場合には重要になります。この敏捷が如実に反映され、かつ戦略の効果が表れてくるのが「時間軸」です。時間軸を短縮することで戦略の効果を最大限にできます。戦略の進捗を示す時間軸の短縮は、戦略効果を早くことを意味し、それだけ市場に影響力を持つことを意味しています。時間軸を短縮できれば、その市場での「ファースト・ムーバー」となり、産業全体に大きな影響力を持つことになります。

ハイテク関連戦略で、時間軸を考えるときに気を付けなければならないのは、通常のマーケティンとは異なるということです。ＡＩなどの第四次産業革命を代表する最先端技術が関係する戦略は、通常のマーケティング戦略よりも考慮に入れる変数が多くなるため、従来とは異なる知識が必要になります。

この章ではリテールＡＩ戦略をはじめ、ハイテク関連戦略を効率的にマネタイズして成功に導くためには、どのようなマーケティングやマネジメントの知識を得ていくべきなのかを説明していきます。まずお話しする第一の知識は、時間軸とキャズムとの関係性です。

①時間軸とキャズム理論

変化の激しい時代に、最先端技術を駆使しながら戦略を遂行するためには、「時間軸」を意識することが非常に重要になります。

時間軸は、商品やサービスが消費者に浸透していく時間の経過を意味しています。ハイテク技術関連の商品やサービスを浸透させる場合の時間軸を考えるときに、私が一番参考にしてきた理論が、ジェフリー・ムーア氏が説いた「キャズム理論」です。ムーア氏の著書『キャズム』は2002年に出版されて話題となり、私も興味を引かれて購入しました。さらにSMARTやペイサーなどの端末をアメリカで広めようと、シリコンバレーにスタートアップ企業を設立した2012年に、ムーア氏との関係は始まりました。「キャズム理論」自体は最初の『キャズム』が発売された2002年から知っていましたが、実際にシリコンバレーでスタートアップするに当たり、ムーア氏が代表を務めるキャズムインスティチュートと契約を結び、直接アドバイスをもらうべくお会いして以来、交友関係は現在も続いており、有効な助言をいただいています。

その中で、ハイテク産業に関しては、「どのようなタイミングで、何をやるべきか」という時間軸を見誤ると、いくら商品やサービスが優れたものであっても消費者への浸透が進まず、失敗してしまう可能性があると教えられました。たとえ素晴らしい技術を手にしたとしても、戦略を行うタイミングを間違えると、効果を全く発揮できないことが起こり得るのです。ハイテク関連戦略を進めていくためには、商品やサービスの質を改善していく以外にも、マーケーティングやマネジメントの能力を備える必要があります。では、なぜマーケティングやマネジメント能力が求められるのでしょうか。これこそが、時間軸短縮の大きな鍵になります。

ここでは、キャズム理論をを応用しながら、ハイテク事業に潜む落とし穴を乗り越えるためには何が必要なのか、検証していこうと思います。この本を読んで頂いている方には、ただ理論を理解するだけでなく、「翻訳」しながら、自身の戦略にはどのような関係性があるのかを考えていってください。

②キャズム理論とは

「キャズム理論」を簡単にいうと、ハイテク業界には市場が2つ存在しており、「新しいものが大好きな層」と「便利性重視の安心第一の層」とに大きく分かれており、価値観が大きく異なっていることから、2つの市場の間には「キャズム」といわれる大きな溝があり、この溝を越えていかなければ成長はないというものです。このキャズムという溝があるため、開発されたハイテク関連商品やサービスの消費者への普及はイノベーター理論(2)のようにはいかず、キャズムを越えていくときには、戦略を再構築する必要があります。この必要性があるため、商品やサービスの性能以外に、マーケティングやマネジメントの知識が必要になると述べたのです。

キャズム理論を理解するためには、まずイノベーター理論で提唱された5つの階層を理解する必

(2) エベレット・M・ロジャーズ(著)、青池慎一(著)、宇野善康(著)『イノベーション普及学』産能大学出版部 1990/05

要があります。

■イノベーター理論による5つの消費者分類

イノベーター理論とは、社会学者のエベレット・M・ロジャーズ氏が提唱したもので、商品やサービスの浸透スピードを5つの分類に分けて分析します。5つの分類は、「イノベーター・革新者・ハイテク大好き」「アーリーアダプター・初期採用者・周りを見て決める派」「アーリーマジョリティー・前期追随者・安心感第一」「レイトマジョリティー・後期追随者・流行大好き」「ラガード・遅滞者・流行に興味なし」です。ここで分かりやすくするため「キャズム理論」の図を2ページ先に挿入します。この図は、『キャズム』の本を基に私が作成したものです。

イノベーター理論では、新商品や新サービスが市場全体に浸透するには、キャズムは存在しません。そのため、第2グループのアーリーアダプターにまで浸透すれば、商品やサービスは急激に市場に普及すると結論づけています。つまり、イノベーター理論では、アーリーアダプターの存在が最も重要視されます。これを「普及率16％の論理」（イノベーター2・5％とアーリーアダプター13・5％を足した数値）といいます。

■キャズム理論がハイテク産業で発生する理由

その一方、キャズム理論では、ハイテク業界が新技術を世の中に浸透させる場合は、イノベーター理論適応が通常と異なります。それは、「イノベーターとアーリーアダプターが含まれる初期市場」（図の青い部分）と「アーリーマジョリティー・レイトマジョリティー・ラガードが含まれるメインストリーム市場」（図のオレンジの部分）の２つの層の間に、徹底的な商品やサービス購入に対する「価値基準」の違いが存在することで、大きな溝であるキャズムが発生し、普及を阻害するからです。考えてみれば、ハイテク関連商品やサービスに溝が存在するのは至極当然です。最新テクノロジーを用いたものは、「いち早く手に入れたい」と思う初期市場と、「安心感を得てから手にしたい・流行が浸透してから手に入れたい」と思うメインストリーム市場では、欲しがる理由が全く違うために初期市場の顧客が求めているものと、メインストリーム市場にそのまま出しても、メインストリーム市場の顧客は欲しいと思うわけがないのです。つまり、この２つの層では、消費行動を促す「価値基準」に大きな違いがあります。

キャズム理論によると、ハイテク産業において、初期市場が商品やサービスを購入する理由は「新しさ」です。商品がもたらす利便性についても着目しますが、まだ誰も使っていない「新しいモノ・サービス」だからこそ、それを手にして、他の多くの人よりも一歩進んでいることにイノベーター・アーリーアダプターは価値を感じます。一方のアーリーマジョリテー・レイトマジョリティー・ラガードのメインストリーム市場が、ハイテクの新商品を購入する理由は「利便性や安心感」です。大勢の人が使っているという安心感があって、かつ時代に取り残されたくない思いから、購入を決定します。この２つの層では、購入に当たっての価値基準である「動機」が全く異なります。そのため、キャズムと呼ばれる溝が生まれるのです。

イノベーター理論における「普及率16％の理論」について、ムーア氏は「ハイテク産業におい

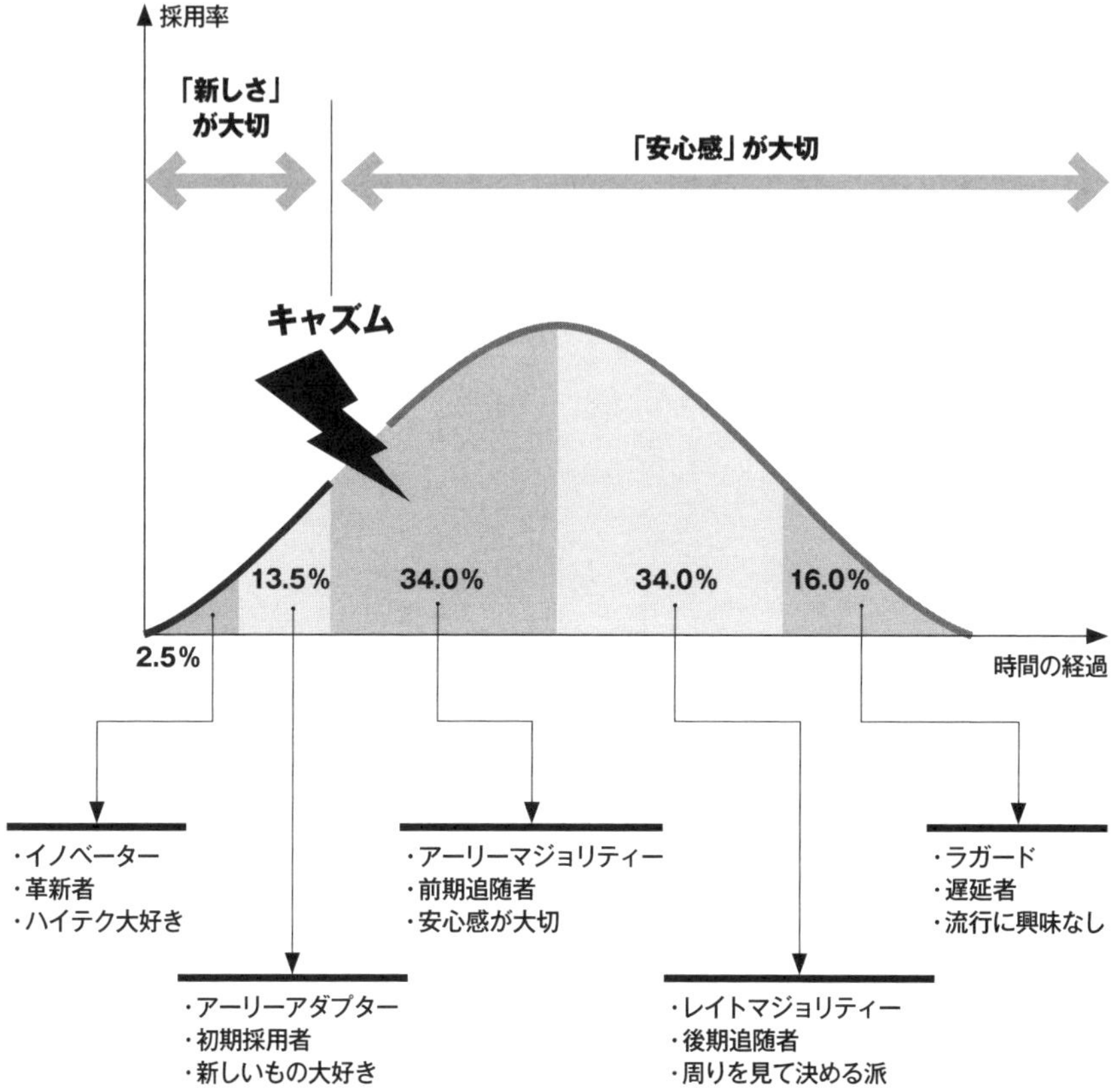
採用率
「新しさ」
が大切
「安心感」が大切
キャズム
13.5%
34.0%
34.0%
16.0%
2.5%
時間の経過
・イノベーター
・革新者
・ハイテク大好き
・アーリーアダプター
・初期採用者
・新しいもの大好き
・アーリーマジョリティー
・前期追随者
・安心感が大切
・レイトマジョリティー
・後期追随者
・周りを見て決める派
・ラガード
・遅延者
・流行に興味なし

ては、たった16％の層が購入したくらいでは、安心感や利便性を重んじるメインストリーム市場にとっては安心材料にはならない」と述べています。初期市場とメインストリーム市場での商品購入への価値基準が異なることが、ハイテク産業において、マーケティング戦略やマネジメントが重要になる理由です。なぜなら、２つの市場は全く別の市場であり、外国に商品やサービスを進出させることに似ているからです。外国に商品やサービスを提供するとき、その国の背景や経済状況に応じて、それまでの戦略を転換します。初期市場とメインストリーム市場にも、同じことがいえます。同じ国内であっても、商品やサービスに求める「価値」が全く異なっているのであれば、それぞれの価値に対応したマーケティング戦略やマネジメント戦略を構築しなければ、成功は望めません。

私は、第四次産業革命の技術を用いた戦略において、キャズム、溝はさらに深くなる可能性があると考えています。最先端技術を戦略に反映させていこうと考えている企業は、このことに留意しながら、戦略の在り方を構築する必要があります。なぜなら、キャズム溝の存在を知らないままに、戦略を実行し、一定のレベルまで普及を実現できたとしても、同じ戦略では、キャズムが阻害要因となって普及を困難にするからです。このより深いキャズムに直面したときに、従来とは異なる見方を戦略に取り入れていく必要があります。

■キャズム理論の応用

ここまでの説明では、この理論はほとんど自分たちには関係しないと思われるかもしれません。そこで業態別に、このキャズムの理論のいくつかを、分かりやすく簡素に〝翻訳〟してみたいと思います。

・メーカー

ＡＩを使ってマーケティングが行われることで、従来の営業マンからのリベートによる商品販売がなくなり、キャズムを超えることができます。

・メーカーと広告代理店

ＧＲＰ中心で不特定多数への広告がショッパーマーケティングというダイレクトマーケティングに変わるときに、キャズム理論が当てはまります。

・問屋

ＡＩでのカテゴリーマネジメントが進んでいったとき、帳合という概念がなくなり商談が変化するとき、キャズムを越えていきます。

キャズムを越えるためには

では、キャズムを越えるためにはどのような戦略があるのでしょうか。キャズムを越えるための一つの戦略として、「Ｄデー戦略」にムーア氏は触れています。「Ｄデー」とは、第２次世界大戦で、史上最大の作戦ともいわれる、ノルマンディー上陸作戦の初日のことです。このノルマンディー上陸作戦を、ハイテク製品市場に当てはめた戦略が「Ｄデー戦略」です。理解を深めるために、簡単にノルマンディー上陸作戦を説明すると、アメリカ軍を主体とする連合軍が、ヨーロッパ全土に勢力を拡大していたナチスドイツから領土を奪還するための作戦です。つまり、ハイテク市場に置き換えると、占有したい市場全体（ナチス支配下のヨーロッパ）を対象とした戦略を最初から展開するのではなく、1つの対象（ノルマンディーに上陸する）に絞って、その対象を占有し、波及的に影響力を広げていくことを目指す戦略です。「Dデー作戦」をイメージしやすいように、私が作成した図を挿入します。

私たちがキャズムを越えていくためには、既存事業が形成している、メインストリーム市場に市場を拡大していく必要があります。メインストリーム市場を支配下に置くことで、全体市場の獲得につながっていきます。メインストリーム市場にシェアを拡大するためには、自社の商品やサービスだけでなく、他社の応援も得て、進行部隊を編成しなくてはならないとムーア氏は述べています。なぜなら、新市場形成のための目標は、初期市場の顧客からメインストリーム市場の顧客に戦力を移す必要があるからです。しかし、そこにはキャズムが存在します。キャズムを越えて市場を取りに行く際に、攻略を仕掛ける一番のポイントとなるのは、メインストリーム市場側の1つのニッチ市場に的を絞り、そのポイントに向かって一気に仕掛け、一定のポジションを構築することです。その後は、そこを拠点に市場を拡大していくことが賢明であるとムーア氏は述べています。つまり、メインストリーム市場に攻撃ゾーンを仕掛けるときには、ターゲットとするマーケットをいかに細かく絞り込めるかが重要であり、メインストリーム市場のなかのターゲット・セグメントを1つ選定し、そこを攻略することでメインストリーム市場での「足場」が出来上がります。この足場を拠点として、その他のメインストリーム市場へと戦略を仕掛けてい

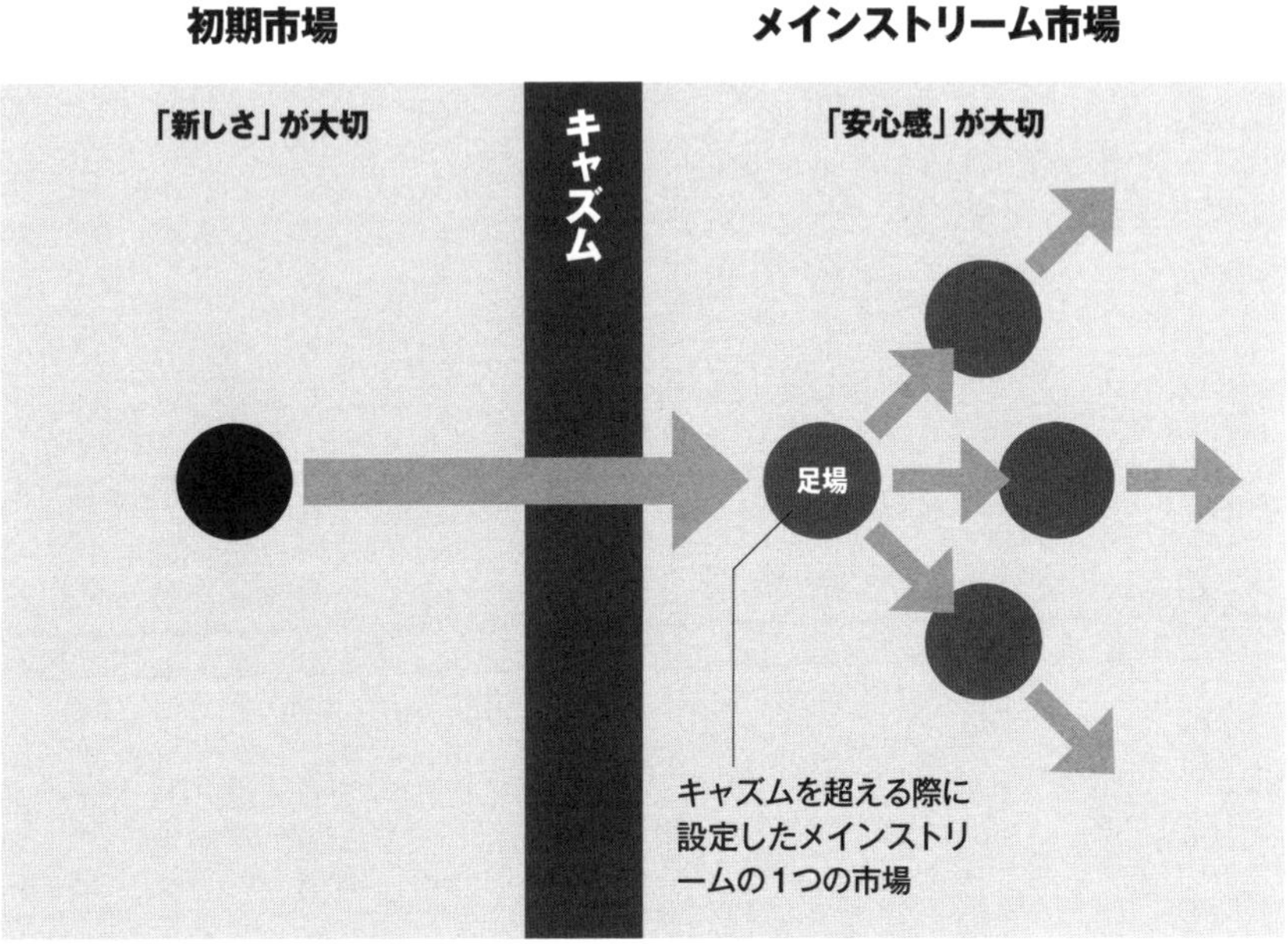
初期市場
メインストリーム市場
「新しさ」が大切
キャズム
「安心感」が大切
足場
キャズムを超える際に
設定したメインストリ
ームの1つの市場

けば、確実に市場を拡大し、商品やサービスをコモディティ化することが可能になります。これが、ハイテク関連戦略成長の最短の道であると、ムーア氏の理論から学びました。

既存のメインストリームであるＧＲＰ中心の広告を、ショッパーマーケティングに移行し、キャズムを超えようとするときには、この理論を応用することが重要です。

キャズムを越えるためには、メインストリーム市場に足場とする市場分野をつくることが欠かせませんが、この足場をどこにするかを検討する際には、以下の５つを考慮する必要があるといわれています。

1．そのターゲット顧客は、十分な資金力があり、進出企業の営業スタッフが接触可能か
2．進出企業の製品を是が非でも購入したくなるような動機を持っているか
3．パートナー各社の協力を得た場合、進出企業は、その購入動機を満足させられるだけの商品価値を提供できるか
4．その市場分野には過度の競争が存在しないか
5．その市場分野での成功を生かして、さらに他へ裾野を広げていけるか。

この足場固めの５つのポイントを見ても分かるように、キャズムを越えるために求められるのは、商品やサービス自体の改良ではありません。必要なのは、マーケティング技術やマネジメント能力でいい換えれば、初期市場とメインストリーム市場とは別世界であるため、初期市場で一定のシェアを獲得した戦略では、メインストリーム市場に通用しないのです。したがって、メインストリーム市場に行く際は、最初からマーケティング戦略を練り直すことを前提に、ハイテク

関連戦略を進めていく必要があります。

さらに、もう1つ強調したいのは、メインストリーム市場の足場選定では、ニッチ市場を選ぶことが最善だということです。既にキャズムの向こう側でシェアを獲得している競合他社は、その市場を守ろうとします。守備が固められた市場に対し、正面から突撃するのはコストがかかるとともに、非常に非効率的です。だからこそ「Dデー作戦」で、1つの的である奪えそうなニッチ市場に集中して、占有することで、キャズムの向こう側に自分たちの「領土」をつくり、その領土という「市場シェア」を起点にして他の部門に進んでいけば、波及的にメインストリーム市場での占有を獲得できることになります。

ここまでの説明から、「キャズムを越えるためには、商品を大衆化すればいいんだ」と考える人がいると思います。もちろん、最終的には大衆化が求められますが、キャズムを越える最初の作戦では、全く違うマーケティング戦略が必要であることが落とし穴の一つです。メインストリーム市場への進出の最初の段階では、大衆化するのではなく、メインストリーム市場側にあるニッチ市場を取りに行き、そのニッチ市場を足場として、メインストリーム市場全体へと力を波及させていくという段階的な戦略をとる必要があります。

このほかにもキャズムを越える方法は多く存在すると思いますが、理解しておくべきは、キャズムという溝を挟んで両側に存在している市場は全く異なるという点です。その「違い」を理解した上で、キャズム越えの戦略を立てる必要が求められます

キャズムを越えた後の戦略

では、メインストリーム市場の人々が求める商品やサービスを提供するためには、どのように戦略を再構築すればいいのでしょうか。この問いのヒントとなるのが、「ホールプロダクト」の考え方です。ホールプロダクトとは、セオドア・レビット氏が１９６０年代に提唱した、購入者の期待している機能により近づけるよう自社商品の補助商品や補完サービスを段階的にそろえるモデルをいいます。

ホールプロダクトは４つのプロセスであり、「コアプロダクト」「期待プロダクト」「拡張プロダクト」「理想プロダクト」で形成されています。ムーア氏は、このホールプロダクトのなかに、キャズムを越えた後のメインストリーム市場での商品やサービスの在り方などの戦略のヒントがあると述べています。ホールプロダクトを解説する前に、分かりやすくするために、ホールプロダクトのイメージと先ほど載せたキャズムの図を併せて示しておきます。ホールプロダクトの図も資料をもとに私が作成したものです。

まずはホールプロダクト理論を形成する４つの層ですが、「コアプロダクト」とは企業が提供する商品・サービスそのもののことです。つまり、商品の中核をなす部分を指します。「期待プロダクト」とは、顧客が製品購入時に「こうあるはず」と期待している機能・製品です。顧客を最低限満足させるため必要な製品やサービスです、分かりやすい例でいえば、車のエアコンなどは「期待プロダクト」に当たります。「拡張プロダクト」は、補完商品・サービスを豊富に用意し、

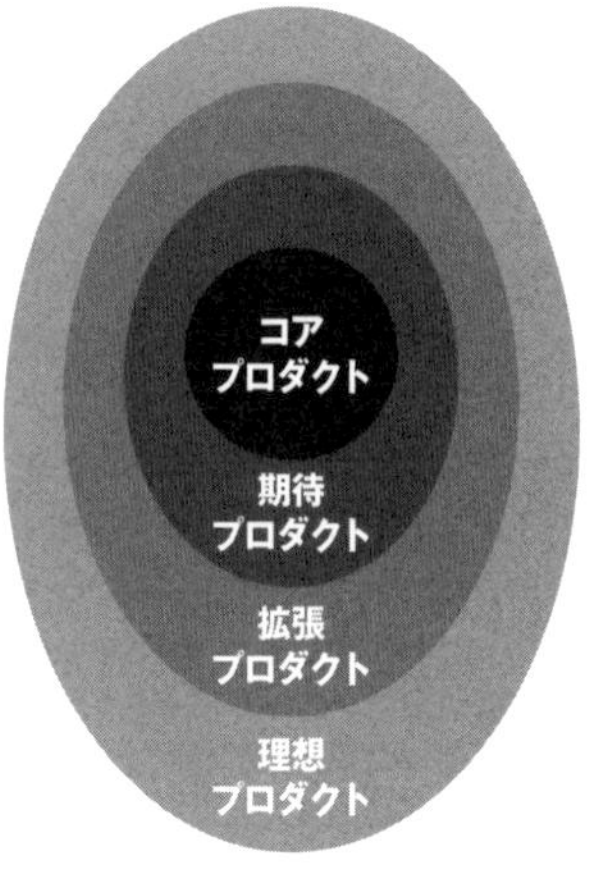
コア
プロダクト
期待
プロダクト
拡張
プロダクト
理想
プロダクト

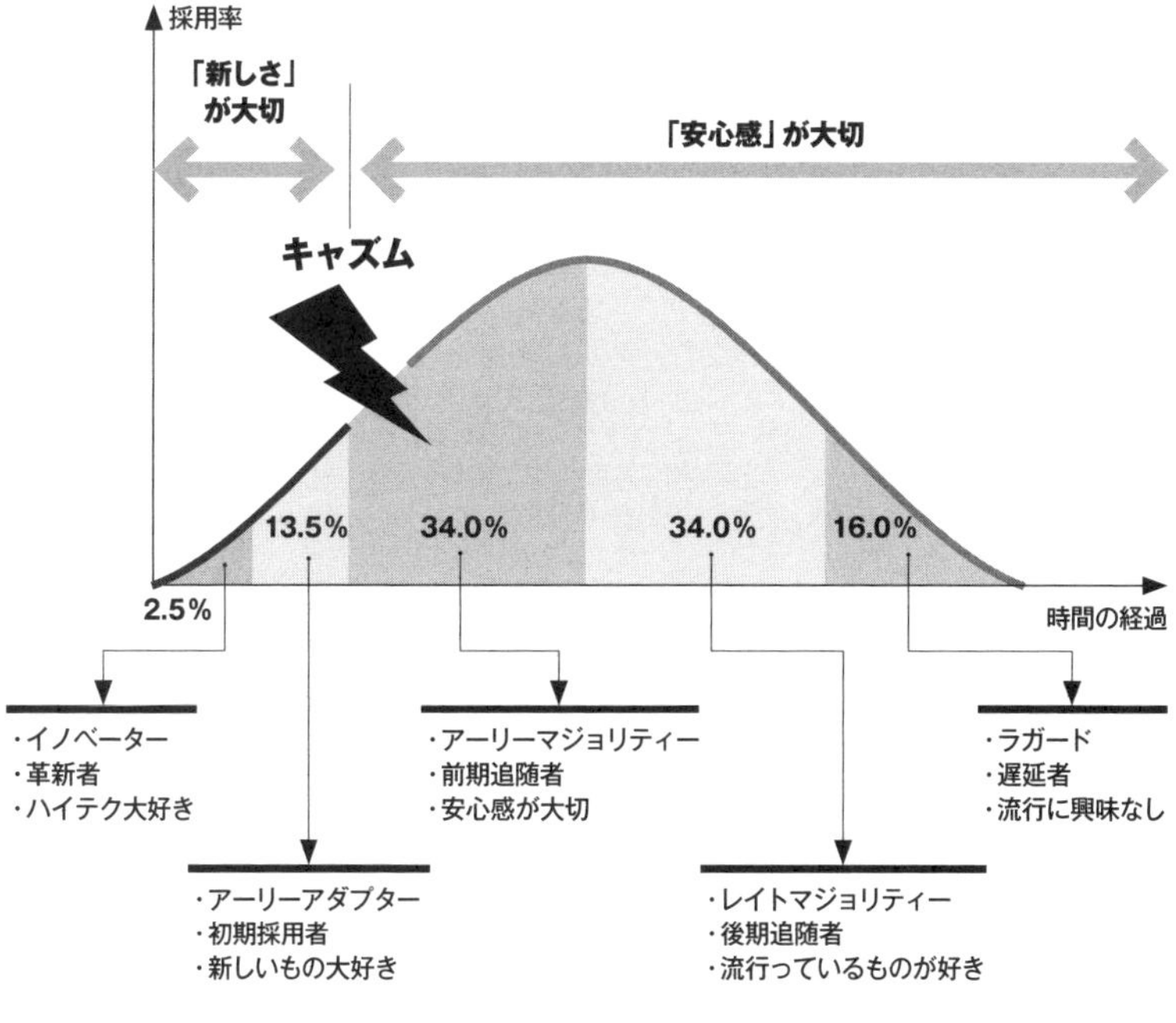
採用率
「新しさ」
が大切
「安心感」が大切
キャズム
13.5%
34.0%
34.0%
16.0%
2.5%
時間の経過
・イノベーター
・革新者
・ハイテク大好き
・アーリーアダプター
・初期採用者
・新しいもの大好き
・アーリーマジョリティー
・前期追随者
・安心感が大切
・レイトマジョリティー
・後期追随者
・流行っているものが好き
・ラガード
・遅延者
・流行に興味なし

機能を拡張することをいいます。車で例えるなら、ＧＰＳ機能のナビやオーディオ機能などで、顧客がその製品を購入した目的を満たすための製品・サービスです。最後の「理想プロダクト」は、顧客の理想を完全に実現した段階のプロダクトを指し、この理想プロダクトまで製品を持ってくることができれば、市場で圧倒的なシェアを獲得するとされています。

ムーア氏は、初期市場のイノベーターやアーリーアダプターに対しては、コアプロダクトだけでも勝負できると述べています。その理由は、ハイテク大好きの初期市場のユーザーは、自分たちで商品に付加価値を構築するスキルを持っていて、彼らは、自分たちで付加価値を与えることを楽しんでいるからです。キャズム理論でも説明しましたが、初期市場の人たちの商品やサービスの購入に対する一番の価値基準は、「新しさ」です。初期市場のテクノロジーマニアは、自分で関連部品を買ってきてハイテク機器に改良を加えることを楽しいと感じており、期待プロダクト以降は自力でそろえられるので、購入基準にはなりません。

しかし、商品やサービスがキャズムを越えてメインストリーム市場に入った場合、購入動機としては、コアプロダクトの機能やスペックよりも、むしろ周辺の期待プロダクトや拡張プロダクトが重要になるとムーア氏は述べています。なぜなら、メインストリーム市場の実利主義者たちの商品購入動機は「安心感」であり、自分たちで製品の構造を変えようなどとは全く思っていません。メインストリーム市場の場合は、購入した後で期待プロダクトや拡張プロダクトが不足していると、結果として期待した成果を得られなかったと落胆する人がほとんどです。

メインストリーム市場の成功例としては、ＧＥの代表的な医療機器であったＣＴスキャン市場を挙げることができます。CTスキャンの製品本体をメインストリーム市場に広めるために、GEは遠隔メンテナンス機能を搭載し、何か問題が起ったときには対応するという拡張プロダクトのサービスを充実させたことで、メインストリーム市場の商品購入動機である安心感を満たし、市場シェアを獲得しました。この場合、メインストリーム市場にとって重要なのは、コアプロダクトであるCTの解像度よりも、CTを問題なく使えるという安心感だったのです。

また、アップルが成功したのは、このホールプロダクトとキャズムの概念に基づいた戦略を実行したからです。アップルは、自分たちでは補完部品を作らずに、より優れた部品メーカーと連携し、また製品の組み立てに関しても他の企業に委託して、プロダクト品質を高めていきました。もちろん、アップル自身はコアプロダクトである自分たちの優位性のあるクローズ部門に特化し、競争力を守ったことで大きな成長を遂げることになります。

急成長のメカニズム

メインストリーム市場でシェアが徐々に拡大し、その商品の価値が浸透し始めて、安心第一主義の人たちが購入し始めます。そうなると、徐々に新商品側に傾いていく人々が増えていきます。なぜなら、古くなった商品に彼らの求める利便性がなくなり、かつ新しい商品が安心感を与えられるようになったとき、一気に新しい商品へと、メインストリーム市場は動いてくからです。この一気に新しい商品へと動くことで、「トルネード(3)」が発生します。一度トルネードが巻き起これば、需要が一気に爆発します。ハイテク市場にキャズムが発生する要因は、ハイテク技術が

(3) ジェフリー・ムーア(著)、中山宥(訳)『トルネード キャズムを越え、「超成長」を手に入れるマーケティング戦略』海と月社 2011/2/28

つくり出す「未知」への不安だといえます。人間は未知なモノには不安を抱きます。特に、価値観が変わるかもしれないような大きな力は、普通の人にとっては恐怖でしかありません。第四次産業革命関連戦略のキャズムはさらに深い溝になると述べたのは、人々の未知への恐怖が増加するからです。最近、「人工知能に仕事を奪われる」というような報道をよく目にします。私は全くそうは思いませんが、これも人間の未知への恐怖があるがゆえに起こる現象のだと感じています。今では普通に使われているカメラですが、100年以上昔に遡れば、ハイテク技術でした。「カメラは魂を吸う」という迷信があり、多くの人は写真に撮られることを嫌がったといわれており、今は普通に使われている「カメラ」にキャズムが存在していたと考えると面白いです。

①トルネード発生の瞬間

恐怖心である未知が打ち破られる瞬間に、「トルネード」が発生し始めます。メインストリーム市場の人たちが「この商品やサービスは訳が分からないものではなくて、便利なものなのだ」と考え始め、一部の人が商品やサービスを購入することで、今度は「みんなと一緒」という安心感が欲しくなり、その商品やサービスは爆発的に広がっていきます。ここでトルネードの例として、日本でのiPhone普及を説明します(4)。

iPhoneは日本では2008年7月から販売されましたが、12年にはシェアが49・95%となり、キャズムを越えて浸透を始めました。その3年前の2009年では、iPhoneを使っていたのは一部の初期市場のハイテク大好きな人々のみでした。現在では、日本は世界でも類を見ない

(4) Statcounter "Mobile Operating System Market Share Japan"
http://gs.statcounter.com/os-market-share/mobile/japan

iPhone大国となり、国内のスマートフォンのシェアは２０１７年時点で、iPhone70％近くを占めています。

では、なぜiPhoneがキャズムを越えられたか。キャズム理論を基に考えてみると、価格面も大きな要素となるものの、ドコモやａｕの参入が、重要な要因の一つだと考えられます。キャズム理論によると、メインストリーム市場が、ハイテク関連の商品やサービスに求める価値基準は「安心感」です。メインストリーム市場の人々にとって、２００９年の日本ではAppleは電話機の会社としては信頼できるといえず、当時iPhoneの販売を日本で独占していたソフトバンクも、携帯電話帯会社のなかでは新興企業でした。ところが、日本において信頼度Ｎｏ・１のＮＴＴドコモがスマートフォン市場に２０１０年に参入したことによって、少なくともスマートフォンへの信頼性は大いに高まりました。そして２０１３年9月にＮＴＴドコモがiPhone の販売を始めると、14年にはシェアが、64・０６％まで上昇します。

こうして、新しいものにはすぐには飛びつかない安心感第一の実利主義者のアーリーマジョリティーやレイトマジョリティーたちもiPhoneを使うようになり、２０１７年には7割近くのシェアを獲得し、見事にiPhoneはキャズムを越えました。

ハイテク関連戦略を実行する際に、キャズムを越えてトルネードを起こしていくためには、キャズムを挟んだ初期市場とメインストリーム市場とがを全く異なる市場であるということを忘れず、顧客の商品購入動機を考慮に入れながら、それぞれの市場で異なる戦略を展開していく必要があります。

②ファースト・ムーバー

ここで、なぜ時間軸を短縮する必要性があるのかを、「ファースト・ムーバー」と関連づけながらお話ししたいと思います。第四次産業革命の関連戦略においてスピード感が大切な理由の一つに、ファースト・ムーバーが持つ影響力があります。ファースト・ムーバーとは、最初に市場の需要を満たし、地位を獲得した組織をいいます。そして、ファースト・ムーバーになることで、その後の関連戦略にも大きく影響が出てきます。今後、リテールＡＩにおけるファースト・ムーバーの優位性は、小売業だけではなく、メーカーや問屋にも影響してくると考えられます。

「ファースト・ムーバー」の優位性の例として、クラウドビジネスが挙げられます。現在、クラウドビジネスにおいて、圧倒的な優位性とシェアを持っているのはAmazonのＡＷＳで、シェアは70％を超えています。私は、GoogleのGCPのクラウドビジネスレベルはＡＷＳと同じサービスレベルであり、機械学習などの特定部門に関してはＡＷＳより優れていると感じていたので、ＡＷＳの圧倒的なシェアを不思議に思いましたが、両者のサービス開始時期を見て納得しました。Amazonは、Googleよりも5年早くクラウドサービスを商品として販売していたのです。

私は、リテールＡＩ戦略の遂行スピードに関して「1か月は1年に匹敵する」を常々言っていますが、ハイテク関連戦略における「5年」というタイムラグは、大きな差異を発生させます。また、クラウドビジネスはその性質上、一度サービスを適応した場合、データ移行などに時間も費用もかかるため、ほとんど他に乗り換えることはありません。つまり、2番手、3番手がより優れた技術を開発しても、ファースト・ムーバーがシェアを一定程度取った後では、その地位を同じ手法で逆転していくのは非常に困難なのです。

戦略実行の遅れによる損害は、ハイテク関連戦略には顕著に表れるものであり、ファースト・ムーバーとしてインセンティブを握った企業には、人材や資金が集中的に集まり、2番手以降には大きな差をつけることができます。

そのため、ハイテク関連戦略に参入する際には、キャズム、時間軸、ホールプロダクト、トルネード、ファースト・ムーバーといった知識を意識しながら、翻訳力を駆使して、戦略を構築し進めていかなければ、時間軸を短縮した効率的な運営はできないと考えています。

オープン・イノベーション

需要が一気に拡大するトルネードを起こすためには、メインストリーム市場で自分たちの商品やサービスを広げ、市場規模を拡大していかなければなりません。市場規模を拡大し、トルネードを起こしながら大きな影響力を獲得するために必要なのが、「オープン・イノベーション」の考え方です。

「オープン・イノベーション」は、第四次産業革命の重要なキーワードの一つであり、今後の経済発展を支えていく基礎となる考え方です。このオープン・イノベーションを戦略に応用していくときに「教科書」と設定したのが、立本博文氏の著書『プラットフォーム企業のグローバル戦略　オープン標準の戦略的活用とビジネス・エコシステム(5)』です。これは実用書というよりは学術書に近い形でしたが、プラットフォーム企業の成長事例を初期の段階から考察し、どのよう

(5) 立本博文『プラットフォーム企業のグローバル戦略　オープン標準の戦略的活用とビジネス・エコシステム』有斐閣 2017/4/6

に成長していったのかを研究しており、多くの新しい発見がありました。

これまでのプラットフォーム戦略関連の書籍は、既に大成功を収めているFacebookやGoogleなどを対象事例として結果論をまとめているものがほとんどでしたが、立本氏の本は、プラットフォーム企業の成功要因や条件を、数値に基づいて分析している点が理論的であり、新しい視点を与えてくれました。更に、立本氏は、国際的・地理的条件を含めた考察により、プラットフォーム事業がオープン・イノベーションを行いながら成長するためには、「新興国」が大きく関係してくるという点を、事例を用いながら説明してくれています。このことは、中国２０００人エンジニア体制構築への後押しとなりました。

①日本企業の連携方法の限界

世界経済に大きな変化が起ころうとしている今、日本企業、特に製造業がとっている体制には限界が来ています。日本の製造業は、自分たちの技術で自分たちだけでやろうとする閉ざされた状態、クローズド・イノベーションです。日本の製造業を見てみると、系列企業で連携をしてはいますが、この連携は絶対的なコア企業が既に決定している状態で形成されており、力関係がはっきりとした状況下のものであるため、柔軟かつ敏捷な組織というよりも、大企業病である官僚体制に近い特徴があります。ハイパーコネクト時代、第四次産業革命技術が急速に進化していくなかで、大企業体制の閉ざされた状態では劇的な市場の拡大は望めません。そればかりか、イノベーションの不確実性、研究・開発の非効率、短期的成果の取得困難をクローズド・イノベーシ

ョンが引き起こし、最終的には時代に淘汰されていきます

同時に、クローズイノベーションで技術開発をしていくことは、大きな遅れをもたらします。なぜなら、第四次産業革命の技術の進化は我々の想像を超えるスピードで進むだけでなく、新しい技術と技術とが結びついて化学反応を起こしながら、さらに新しい技術が日々生み出されるからです。1つの組織だけで、この化学反応に対応していくことは不可能です。他社の優れた技術を積極的に使いながら、自分たちの技術もいろいろなところに「オープン」にして共有し連帯していくことで、市場全体の規模が拡大され、成長していくことができます。

②オープン・イノベーションの歩み

第四次産業革命のもとでは、クローズド・イノベーションには限界があり、ネットワークにオープン性が必要であることは明らかですが、この「オープン・イノベーション」のネットワークを形成するには、どのような要件があるのでしょうか。

オープン・イノベーションの特徴として、ネットワークに多くの企業が集まってくることができ、大きな「巻き込み力」を持つ点が挙げられます。しかし、ただ集まるだけでは烏合の衆にすぎず、意味がありません。多くの企業が集まって、ネットワークを有効に活用していくためには、基盤になるものが必要になります。その基盤こそが「標準」なのです。つまり、新しい企業が参加したり、複数企業が協調して何かを行ったりできるようにするためには、標準が必要になります。企業間の標準であることを強調するために、この標準を「オープン標準」と立本氏は呼んで

います。オープン標準がたくさんできることが、オープン・イノベーションの特徴です。オープン標準は、いわゆる標準規格を意味しますが、もっと広い概念もあります。業界のロードマップや設計レファレンスなども含まれており、ガイドラインや第三者認証のようなものまで含まれます。

オープン標準を基盤としたオープン・イノベーションは１９９０年代以降、爆発的に増えています。最近では大企業もオープン・イノベーションを取り入れないと成長できないことが分かってきて、大小さまざまな連携をする動きが出てきています。先述したＣＶＣなどもその例の一つです。ここで、オープン・イノベーションが活発になった背景を考えていきましょう。その要因は大きく二つに分かれます。

■デジタル化

もともとデジタル技術には、いろいろな製品を結合させる働きがあります。例えば携帯電話では音楽や地図のコンテンツが入り、他の機器とも連携できる技術です。さまざまな製品を結合できれば、各製品のメーカー企業がオープン標準をもとに協調することに価値が生まれ、オープン・イノベーションを加速しています。

■グローバル化

もう一つの要因はグローバリゼーションです。かつて世界経済は日米欧の先進国が牽引していましたが、１９９０年代以降、旧共産圏や中国など新興国が加わってきました。そして、オープン・イノベーションによってネットワークのメンバーになるチャンスが広がり、新興国産業は成長の機会を手にしました。

また技術を持っていた先進国側も、生産性コストの削減や市場拡大を目指してネットワークに新興国を加えたいと考えており、先進国と新興国の利害が一致して、急速にオープン・イノベーションが進んでいきます。こうした参加自由なネットワークにおける中心的な存在はシリコンバレーのハイテク企業でしたが、同時に、共存企業である新興国の製造企業やメモリー半導体企業も成長することができました。

第三項　インテルと台湾マザーボード企業のオープン・イノベーション

では、具体的にどのようなオープン・イノベーションが先進国と新興国との間で行われ、経済発展を遂げてきたのかを考えていきます。立本氏の著書に幾つかの事例がありましたが、インテルと台湾企業との事例を取り上げましょう。この事例は、「オープン標準」を利用した連帯によるビジネス・エコシステムの拡大について、分かりやすく説明されており、オープン・イノベーションが市場拡大に大きく影響を与えること、オープン・イノベーションに新興国が大きく関係していることを示す良い事例です。

米国の大手半導体メーカーであるインテルと台湾企業群は、１９９０年代にネットワークを形成します。この両者の関係は、先進国と新興国の企業がオープン・イノベーションでパートナーシップを築く場合のやり方として非常に参考になり、オープン・イノベーションでは、役割分担を明確にして「自社でやらないことを決める」ことが重要であると、私に教えてくれました。では、インテルと台湾企業群とのネットワーク形成の事例を見ていきましょう。

インテルは、完成品のパソコン本体ではなく、パソコン内部にあるCPU（中央演算処理装置）の開発・販売に利益を集中させるというビジネスモデルを構築しました。基幹部品のCPU部門に特化し、CPU部門に関しては自社で行うと決めるとともに、自社のマイクロプロセッサーが載ったマザーボードの製造は「自社ではやらない」と決定します。その製造ノウハウを台湾のマザーボードメーカーに提供し、自社のマイクロプロセッサーを台湾企業に販売しました。これにより、台湾側は最新のインテルマイクロプロセッサーを搭載しマザーボードを大量かつ安価に製造できるようになり、台湾にパソコンメーカーが多数誕生し、廉価のパソコンが普及するようになります。こうして、パソコン市場自体が大きく成長することになりました。

インテルは、CPU以外の技術を台湾企業に「任せる」ことで、製品のトレイドオフが進み、パソコン自体の価格が低下しました。パソコンの価格が下がることで、「1人1台、企業では1人複数台」という状況になり、台湾や新興国においてのパソコン市場拡大が実施され、かつ新規のパソコン企業も参入できる状態になりました。つまり、台湾企業においてマザーボードを生産し、市場を拡大することで、インテルが担っていたCPU市場も相乗的に成長したのです。CPUはパソコンの心臓のようなもので、CPUなくしてはパソコンは完成されません。つまり、オープン・イノベーションを構築し、台湾企業に「任せた」マザーボード市場が成長したことで、インテルは自社が担っていたCPU部門を成長させ、経済全体も成長につなげることに成功したのです。

インテルと複数の台湾企業とのこの技術共有ネットワーク形成によって、パソコンがプレミアム製品からコモディティ（汎用品・一般商品）へと変化し、パソコン完成品の差異がなくなるようになります。つまり、インテルのCPUという部品が、パソコンという完成品を従属させたモデルといえます。実際の数値として、1995年のパソコンの販売価格を基準とすると、2003年の販売価格は60％に低下しています。

■オープン性の維持

ここで1つ、懸念が生まれます。市場が拡大することで「オープン性の喪失」の可能性が出てきます。インテルはCPU以外の技術を複数の台湾のマザーボードメーカーに提供し、開かれたネットワークを構築しながら生産を任せる形をとっていましたが、継続的な技術提供により、分業ネットワークが特定の有力企業で占められるようになりました。その結果、市場拡大のために最も重要である「共存企業との分業ネットワーク」が阻害され、「系列企業ネットワーク」に似たような集合体が形成される可能性がありました。系列企業ネットワークになってしまっては、オープン・イノベーション体制は維持できず、市場拡大の阻害要因になる事が懸念されました。

この阻害要因を防ぐために、インテルは複数のメーカーとネットワークを形成し、各メーカーを技術力や市場のポジションによって分類し、そのなかで小さなシェアしか持たない弱い立場のメーカーと設計図を開発しました。この設計図を他の台湾企業に配布することで、弱い立場の企業を排除しない、開かれたオープン体制を維持できました。

この手法は、開かれたネットワークを維持するために、多くのプラットフォーム企業で採用されるようになりました。例えば、Googleはスマートフォン Androidでの分業ネットワークを維持するために、同様の取り組みを行いました。

■日本企業とインテルの違い

インテルが、オープン標準のネットワークを台湾と構築しようとするのと時を同じくして、日本企業も台湾にアプローチし、ネットワークを構築しようとしましたが、そのネットワークはオープン・イノベーションではなく、系列企業ネットワークでした。系列企業ネットワークは自社系列のネットワークであり、力関係は決まっているため、成長性は低いものでした。日本企業は取引する台湾企業を限定し、熱心に生産指導をしました。そうして技術力も信頼性も高まり、高い技術力という点では、確かに日本企業は尊敬されてはいますが、一方で、そのような技術指導はすべての技術を伝えることとなり、技術流出を引き起こしました。そして、日本企業は差別化分野を確保できないまま、生産技術だけが台湾企業に移転していったのです。高い技術を得た台湾企業は日本企業とだけ付き合うのではなく、米国企業とも付き合いました。これは企業行動として当然です。多くの日本企業が、台湾企業への生産委託を、単なる生産戦略の一部と考えていた点に大きな問題があります。こうした限定的なネットワークを形成したことで日本の電子技術企業は失速し、凋落につながったのだと思います。日本企業とインテルを比較すると、日本企業にとっての真の問題は、「組織のあり方」にあるのではないでしょうか。日本企業は台湾企業への生産委託を行うに当たり、「子会社」のような扱いをしていましたが、そうではなく、「ある部分はすべて任せる」という、新しいネットワークを形成するべきだったのかもしれません。新しい企業が生まれたり消えたりする新興国では、日本の、実質的に閉ざされた従来の系列取引の方法論は、有効ではありませんでした。

おそらく、日本企業は第二次産業革命における製造業での劇的成功事例に縛られ、従来のネットワークを変えることができなかったのです。成功事例が日本の大企業を縛りつけ、変化することを拒絶する官僚体制により、日本の第三次産業革命以降の成長は止まってしまったのかもしれません。

一方、米国はオープン・イノベーション型体制で台湾企業にアプローチしました。そもそも、新しい企業が多く誕生するような新興国状況では、オープン標準でやることが、時代の流れにマッチします。台湾の電子産業は、これをきっかけに大躍進を遂げます。台湾で生産されたノートパソコンは、１９９０年代終盤の一時期、世界需要の90％以上になり、同時にインテルも大きな利益を享受することができました。こうして力をつけた台湾企業は、２０１６年に日本に大きな衝撃を与えます。台湾企業である鴻海（ホンハイ）精密工業が、日本の大企業であるシャープを買収し、傘下に収めたのです。

日本企業は系列企業ネットワークの下、部品を含めたすべてを全部自社で作ろうとしていましたが、インテルは「自社で製造はしない」と決定した部分を、台湾企業に完全に任せました。製造が得意な台湾企業は、完全に任されて、ネットワークに参加する意欲が湧きました。ただし「自社でやらないこと」を決めただけで、パートナー企業が一生懸命に活動してくれるかどうかは分かりません。パートナー企業が真剣になるような環境をつくることが必要ですが、これに関しては米国企業のほうが、新興国企業の置かれた条件をよく理解していると思います。言い換えれば、組織間での「適材適所」を、オープン・イノベーションは可能にしました。

中国をはじめアジアには、技術蓄積は少ないものの、資金力が大きい企業があります。前章でも述べたように、中国政府はＡＩ関連産業に対しての投資を国の政策として積極的に行っています。他のアジアの各国政府も、成長産業への投資に対して優遇する政策をとっています。このように環境に置かれたアジアの企業にとっては、技術開発による差別化競争よりも、投資競争による生産拡大のほうが望ましいわけです。一方で先進国側、技術蓄積が高い側は、効率的に商品やサービスを開発し、拡大したいと考えています。両者の需要を満たしながら、Win-Win の関係を構築できるのがオープン・イノベーションという考え方です。インテルと台湾企業の例に当てはめれば、インテルはパソコンを作りやすくすることに努め、未経験の台湾企業がどんどん市場に参入できる環境を提供することで、生産拡大を望んでいた新興側の目的も達成でき、オープン・イノベーションの結果として市場を拡大する事ができました。

オープン・イノベーションの考え方は、アメリカや中国では既に当たり前になっています。一方で、日本企業、特に大企業はいまだにクローズドな状態であり、このままでは日本経済が将来的に世界経済から取り残されないかと危惧しています。こうした危惧を皆さんにお伝えするために、「オープン・イノベーション」の重要性を含めて、ＡＩ戦略を事業に取り入れていく必要性をこの本で説明しています。

トライアルグループの時間軸短縮とオープン・イノベーション

ここまで、キャズム理論とオープン・イノベーションの重要性を述べてきましたが、実際に弊社で行っている、キャズムを越えて時間軸を短縮する戦略やオープン・イノベーションについて触れておきます。

前章で解説した「ゾーンマネジメント」を基礎とした内部での適材適所によって、企業としての組織力を高めていく一方で、第四次産業革命の特徴である「影響力の範囲」を考え、外部との連携を行っていく必要があります。影響が及ぶすべての範囲を自分の会社だけでカバーすることは不可能であり、外部の組織との連帯を「オープン・イノベーション」で進めていくことが、ネットワーク企業の成長につながると同時に、市場全体の成長も促していきます。つまり、外部と形成する適材適所がオープン・イノベーションであるともいえます。キャズムを越え、オープン・イノベーションを行っていく上で、弊社で重要な役割を果たすのが「中国エンジニア体制」「ベンチャーとの連携」です。

①第一項　中国エンジニア体制

中国エンジニア体制は第四章でも説明していますが、キャズムを越えるのに重要な要素であるため、再度「時間軸短縮」「オープン・イノベーション」の視点を加えながら説明していきます。

弊社では15年ほど前から中国エンジニア体制を構築し、一時規模を縮小したものの、リテールAI戦略に臨むに当たり、中国が存在感を高めていることから、2017年には中国エンジニア体制を2000人にすることを決定しました。中国で技術開発をすることが、戦略の時間軸短縮につながるとともに、キャズムを越えるきっかけになると考えています。

■時間軸短縮

リテールAI戦略の時間軸短縮の最大のポイントは、早急なソフト開発です。そのためには多くの人材を集める必要がありますが、日本国内では人材が不足しており、必要な数のデータサイエンティストやエンジニアを集められません。「ファースト・ムーバー」となり、市場に大きな影響力を持つためにも、15年前から組織基盤があり、技術開発関連の人材が豊富な中国で再度エンジニア体制を構築し、早急にソフトを開発して、時間軸を短縮していこうと考えています。

さらに、中国2000人体制でAIインフラを開発・改良していくことで、早い段階で「AIインフラ」のトレイドオフが実現できます。「ホールプロダクト」のところでも述べましたが、メインストリーム市場の顧客が求める要素は安心感と利便性です。商品をトレイドオフし、価格帯を下げれば、メインストリーム市場の購入動機の一つである利便性を満たせます。中国でAI関連の開発を行うに際しても中国の環境は理想的です。具体的に中国政府がAIに力を入れ、2030年までにAI全ての分野を世界トップ水準に引き上げ、世界の主要なAIイノベーションセンターにする目標を設定し、関連産業を含めた投資規模は170兆円としていることや、香港・広州に挟まれた良好な立地である深圳が「中国のシリコンバレー」と呼ばれ、イノベーション都市へと急成長していることがメリットとして挙げられます。深圳が中国のシリコンバレーと呼ばれるまでに発展したのは、地理的要因以外にも、中国の政策と都市計画により1980年に中国初の経済特区となり、莫大な外国投資の誘致に成功したことも大きな要因でしょう。その結果、深圳に多くの工場が建築され、多くの出稼ぎ労働者が集まり、製造業が急速に発展しました。そして、近年では、政府主導で新興事業発展に力を入れており、ハイテク産業や金融業、物流業なども成長しています。その結果、世界中からスマートフォンやPCの関連商品などが集まり、深圳中心部には1万以上の電気店・パーツ問屋が集中する電気街が生まれ、世界を代表するハイテク部品関連都市へと成長しました。

こうした中国政府のバックアップがあるなかで事業を行うことは、戦略の遂行に大いに役立ちます。我々に15年以上にわたって、中国でエンジニアを育ててきた経験とノウハウ、人脈があり、中国で人材を集めて、大規模なエンジニア体制を構築することが可能です。

この組織をフル活用して、ＡＩカメラは1台5000円まで、タブレットカートは5万円以下に価格を下げていきます。

中国で構築してきた開発基盤、データサイエンティストやエンジニアが多く存在する現実、そして政府のＡＩ関連事業への巨額なバックアップというアドバンテージにより、人材と資金を兼ね備えた中国の力を巻き込みながら、「リテールＡＩ」の「適材適所」を実施し、トレイドオフを実現させていきます。

②ベンチャー企業との連帯

こうした変化の激しいなかでは、新しい技術を持つベンチャー企業との連携が、「オープン・イノベーション」を進めていくときに力を発揮すると感じています。私たちが行っているリテールＡＩ戦略と、若いプラットフォーム企業の力とを連携させ、彼らが小売・流通業だけでなく、地域活性化に貢献できるシステムを構築できるように、私たちが持つ全国のリアルインフラを通して、彼らの技術をマネタイズしていくための検証の場としていくことは非常に有意義であると考えており、そうすることで日本経済の活性化につながると考えています。

第四次産業革命に挑んでいくときに重要なのは、「チャンレンジする精神」と「変化を楽しむこと」です。私は、ベンチャー企業の「変化を起こしたい」「チャレンジしたい」という精神をとても尊重しています。変化の激しい第四次産業革命のなかで、デジタルの渦を形成しようとするときには、戦略に「夢中」でなければ、乗り越えていくことはできないからです。そして「夢中」に欠かせない要素こそ、変化を起こしたい、チャレンジしたいという精神です。第三章でも「夢中」の大切さに触れましたが、キャズムを越え、変革を起こそうとする場合の最大の敵は、「満足すること」ではないでしょうか。もちろん、企業にとって現状に満足し、維持することが目的であっても問題はありません。しかし、産業構造を変えるような大きなチャレンジをしていこうとするときに、「ほどほどで」などと思っていては、ビジョンの達成などあり得ません。

最近のベンチャー企業は東京大学をはじめとする、有名大学の人材が、一定の経験値を積んだ後に起業するパターンが増えています。彼らがもし「ほどほど」で満足するのであれば、20代で就職した大企業のなかで生きていく道を選んだでしょう。しかし彼らは、世の中を変えたい、チャレンジしたいという強いスピリットとビジョンがあるからこそ、安定した職業を選ばず、リスクを背負いながら、ベンチャー企業として世の中の仕組みを変えることに、夢中になっています。そうした彼らと連携し、彼らの力がさらに成長して、大きなプラットフォームを形成することで、弊社はＡＩインフラも、相乗的に成長できると考えています。

この章の前半は私が読んできた「教科書」の理論を中心とするもので、授業のようになってしまいましたが、大切なのは、現在のような変化の激しい時代のなかで成長し、大きな影響力を持つ組織になるためには、「変化」「チャレンジ」を忘れてはいけないということです。第四次産業革命がもたらす影響力に対応しながら戦略を進めていくには、想像を絶するエネルギーを要します。新しい事のオンパレードで、そのたびに学習し、学習したことを応用して、戦略を考え、組織を動かしていかなければなりません。これまでのような、計画を立て確実に戦略を遂行するために検証を重ねている時間はなく、デジタル対応力の基、情報を正確に収集し、戦略を決定し、すぐに動いていくという新しい能力が、個人にも組織にも求められます。

私はトライアルグループを創業以来、ビジョンを達成したいと事業に夢中になってきました。「夢中」の気持ちは大きくなる一方です。ＡＩという新しい技術に出会って、ワクワク感も増していて、会社の規模が一定の大きさになった今でも、常に何かにチャレンジしていたいと考えています。日本企業は、非常に誠実で高い技術力があると世界から評価されていますが、「夢中になれる体制」「ワクワク感を感じられる体制」が組織として不足していることが、第四次産業革命への足かせとなっているのかもしれません。

第六章

実際の戦略

リテール
AI

これまで、「第四次産業革命」「リテールＡＩ戦略」「リテールＡＩマネタイズ戦略」「変化に対応するための組織と教育」「リテールＡＩ戦略の時間軸短縮をどのように捉えていけばいいのか」というお話をしてきました。最終章では、弊社で行われているＡＩ関連戦略について、組織面や教育面を含めて、ＡＩ関連戦略にどのように対応しているかについて、例を挙げながら説明していきます。

時代は大きく変わろうとしています。日本では少子高齢化が進んで、将来の労働力不足が懸念されるなか、ＥＣサイトの急激な成長もあり、リアル店舗での市場規模は今後確実に縮小していきます。しかし、そんななかでもリテールＡＩ技術を駆使することで、店舗の中に存在している、お客様の「見えないニーズ」を引き出せると考えています。このことがリアル店舗の新たな可能性につながるのです。

実際のＡＩインフラを活用した「ショッパーマーケティング」を、２０１８年に福岡でオープンしたアイランドシティの事例を織り交ぜながらお話していきます。メーカーと連携して行っているＪＢＰへの取り組みと、ベンチャー企業との連携など含めて、オープン・イノベーションにおける連帯の在り方をお話していきたいと考えています。

広告革命～ショッパーマーケティング～

第二章で「ショッパーマーケティング」の可能性に触れましたが、弊社ではＡＩインフラを活用して、新しい形のマーケティングや広告であるショッパーマーケティングを実践していきます。これまでも何度も述べていますが、「日本の第四次産業革命におけるＡＩ技術の活用は、現場での効率化において優位性があり、現場でのＡＩ化を進めることで日本の国際競争力が得られる」と考えています。「ショッパーマーケティング」は、まさに小売の現場改革であると自負しています。この現場改革を実際にどのように進めているのかを、現在進行している戦略と併せて紹介していきます。

■広告の変革期

これまでのマーケティング手法は、テレビＣＭなど広範囲に影響が及ぶ広告を無差別かつ受動的に提供することが一般的でした。しかし、FacebookやTwitterなどのＳＮＳの持つ力が拡大し、価値観が多様化した現在において、無差別のマーケティングや広告は非効率的であり、マーケティングコストを無駄遣いすることになります。そこで、現在弊社で進めているのが「ショッパーマーケティング」という、ターゲットとなるお客様に焦点を絞ったマーケティング手法です。これは商品を必要としているお客様に情報を直接届けるものです。

今後、ショッパーマーケティングが、お客様への広告活動において重要な手法になることは間違いありません。なぜならメーカーなどの商品を供給する売り手と、消費者である買い手とのこれまでの関係に変化が生じているからです。その変化とは、顧客側のパワーが増していることです。近年、FacebookやTwitter、インスタグラムなどのＳＮＳにより、個人が情報を発信できる「全国民メディア化時代」が訪れており、１つの情報を個人が発することで、大きな影響力を持つ時代になりました。こうした供給側と需要側とのパワーバランスの変化によって、消費者は企業が謳う宣伝文句をうのみにはせず、ネット上にあふれているレビューや口コミで良い意見や悪い意見を知ることができ、そうした評価をもとに商品の購入を決めるようになっています。

店舗展開においても、こうした時代の流れに対応すべく、細分化されたマーケティング活動を行っていく必要があります。これに対応できるのがショッパーマーケティングであり、販売促進活動において、今後大きなウエイトを占めるようになります。

■ショッパーマーケティングとAIインフラ

ショッパーマーケティングで重要な役割を果たすのがＡＩカメラとサイネージ、タブレットカートです。私たちは実際の店舗において、その需要をくみ取りながら、必要な情報をお客様個人に提供する形を実現させていきます。つまり、買い物中の「買うものを、すでに決めている」「買うものを迷っている」といったお客様がよりよい買い物を実現できるよう、ＡＩインフラを使いながら、「ワクワクできるお買い物の環境」を提供していこうと考えています。

人間の行動は自分の意思で決定していると思っているかもしれませんが、そうではありません。行動科学分野の研究によると、人間はほぼ無意識のなかで行動しており、明確な意思を持って「選択」をしていないという調査結果があります（1）。脳は意思決定を行う際の負荷を可能な限り減らそうとする傾向があり、日常生活における行動のほとんどが自動的で、ほぼ無意識下で決定が行われているそうです。これは、お店で商品を選んでいるお客様にも同じことが言えます。

（1）Singularity “Think Your Conscious Brain Directs Your Actions? Think Again” 2015/8/2
https://singularityhub.com/2015/08/02/think-your-conscious-brain-directs-your-actions-think-again/#sm.0000nitboe3kqdw2ymv2hssmydc0k

そうであるならば、お客様の無意識に働きかけながら、ショッパーマーケティングを実践していくことで、効率的に商品を選んでもらえるような店舗づくりができ、お客様により快適に買い物をしていただけると考えています。

①ショッパーマーケティングとAIカメラ

では実際に、AIカメラをショッパーマーケティングに、現時点でどのように活用しているのかを解説します。実際の活用方法を示すには、2018年2月にオープンしたアイランドシティ店の事例を挙げると分かりやすいでしょう。

■アイランドシティ店のAIカメラ～メーカーとの協力～

アイランドシティ店ではAIカメラを合計700台を設置しています。このAIカメラには、2種類あります。1つ目が、メーカーとの連携をする上で重要になるカメラ100台です。これは、パナソニックと連帯したスマートAIカメラで、お客様のプライバシーに配慮しながら(2)、お客様の動きを観測し、メーカー向けのマーケティング情報を収集します。このカメラは、お客様の行動の分析を行います。

購買行動と言うのは「認知」→「情報収集」→「比較」→「検討」→「購入」と言う一連の流れを得て、商品の購入に至ります。ECサイトにおけるインターネット上の買い物では、この一連の流れがウェブ上で行われており、商品をクリックするなどの行動履歴や、性別・年齢といった

(2) お客様へのプライバシーの配慮方法に関しては、個人情報をカメラの外に出さないことをシステムで実現しています。つまり、カメラ内部で画像認識を行うことで個人を特定しないデータである来店人数・人数・性別・年齢の推定・売場カメラ前での滞在時間等といったデータに変換し、抽出後、映像自体のデータはカメラ内で消去することで、お客様のプライバシーに配慮しています。

顧客属性も登録情報から把握できます。一方で、リアル店舗では購入後のデータはPOSやID-POSデータから把握できていましたが、購入前のお客様の「認知」「情報収集」「比較」「検証」の部分を把握することは不可能でした。また「購入後」に関しても、会員カードを家族で使っている場合などは、正確な属性を把握することができませんでした。

そんな中、購入に至るまでの行動を、AIカメラを使って把握できれば、より快適な買い物環境をお客様に提供できるのではないかと考えるようになりました。そして、開発されたのが「お客様の動き」を観測するカメラであり、それはメーカー向けのマーケティング情報に対応するAIカメラになりました。

このAIカメラでは、4つの情報を可視化することが可能になります。1つ目は、「顧客の人数と属性」です。従来のPOSデータID-POSデータでは把握できなかった購入に至らなかったお客様の属性や、会員と一緒に来店した人数や属性なども把握できます。2つ目は「売り場への到達率」です。各通路に配置したカメラがカウントした人数で、お客様の各棚への到達率が分かります。例えば、入り口で感知した人数が5000人、店舗奥の売り場のカメラで感知した人数が200人だとすれば、店の奥に位置している売場への到達率は4%だと算出できます。こうした到達率を基に、確実に需要がある商品を売り場奥に配置すれば、お客様に満遍なく店内を見て頂けます。3つ目は「売り場での滞在時間」です。売り場での滞在時間が分かれば、そのことを売り場が素通りされているのか、興味を持って立ち止まられているのかを数値化して、把握することができます。滞在時間を明確にすることで、お客様が買い物中に無意識にどのような商品に興味を持っているのかといったの情報を収集することにつながり、その情報を基に、より精度の高いショッパーマーケティングやダイレクトマーケティングを実現できます。4つ目は、「店舗間と日付間の比較」です。これらの情報を店舗間や日付間で比較することで、商圏内での購買行動の比較や、同店舗内での曜日間の比較など、多くの情報を検証できます。こうしたメーカー向けのマーケティングを行うAIカメラと、これまでの蓄積されたPOSデータやID-POSデータとを組み合わせることで、精度の高いショッパーマーケティングを実現していきます。

具体的な事例として、アイランドシティ店の紳士服と婦人服の売り場で、AIカメラが来客数を比較したところ、婦人服売り場には紳士服売り場の2〜3倍のお客様が訪れていることが分かりました。一方で、POSやID-POSデータを見ると、売り上げでは大きな差はなく、場合によっては紳士服のほうが高いこともありました。つまり紳士服は、強い購買意欲を持ったお客様が来店しているので、目立たないエリアに移動させても売上は落ちないと言う可能性を導くことができます。こうしたデータを各売り場で収集することで、店舗における商品配置の有効な方法が可視化されることになります。

■アイランドシティのAIカメラ〜商品管理〜

そして、アイランドシティに設置された残りの600台が弊社で開発した、店の棚状況を観測するAIカメラです。このAIカメラが、店舗のマネジメントの効率化および及びショッパーマーケティングの高度化の新しい手段として機能することを期待しています。棚状況をAIカメラで管理することにより、広い店舗を低い経費で営業できるようになります。これこそ、松尾氏が言う、現場とＡＩとを結びつけた「現場革命」に他なりません。これまで、店舗の商品の欠品などは、現場の従業員が店舗内を歩き回ってチェックするのが一般的であり、労力がかかり、見落としも起きていました。こうした商品管理をＡＩカメラを活用して効率的に運営していきます。

アイランドシティ店では、ＡＩカメラを活用して商品の欠品が起きている場合や商品配置（以下フェイス）が乱れてしまっている場合の管理をしています。これまでは人が商品を補充したり整えたりしていましたが、店舗面積が広い場合には、見落としをなくすことは非常に困難で、大きな課題となっていました。棚管理するＡＩカメラを設置することで、より効率的な店舗の管理が可能になります。さらに、お客様の接触による商品の位置の変化も、このＡＩカメラでの画像処理で検知が可能になり、商品の状態を電子化し情報として処理することで、現場の人材も効率的に動くことができます。「欠品している商品はないか」「商品の陳列がお客様に見やすいように陳列されているか」をカメラで正確に検知することで、人間が行っていた場合の見落としなどがないようにしていきます。

フェイスは、店舗イメージだけでなく、会社のイメージにも影響する重要なものです。例えば、生鮮品などで売場にモノがないという状況は、お客様に貧相な売り場だという印象を与えてしまいます。それは機会のロスを生むだけでなく、トライアルという会社のイメージをもマイナスにしてしまいます。こうした会社のイメージは、お客様の無意識のなかにとどまり、長期的な視点においても大きなマイナスになります。さらに棚管理ＡＩカメラは、お客様との接触が多い商品・

少ない商品を把握したり、棚の前を通ったお客様の商品接触率も数値化することができるため、店舗マネジメントの効率化に加えて、商品マネジメントの用途にも使用できると考えています。

またＡＩカメラは、現場従業員の労働環境の改善にもつながる効果があると考えています。店内の商品の動きはＡＩカメラによりすべて検知可能なので、欠品を見つけた場合はアラートで現場従業員に知らせることができます。現場人材のストレスを軽減し、働きやすい環境を提供していきたいと考えています。

■ＡＩカメラへの今後の展望

今後は、商品管理のＡＩカメラをさらに広範囲に適応していこうと考えています。それが、Store Condition Check（以下ＳＣＣ）への活用です。短期的な売上減少や、長期的な会社へのマイナスイメージを防ぐため、そして従業員に働きやすい環境を提供するためにも、ＡＩカメラによる商品管理対策は非常に重要です。ＡＩインフラを活用した商品の陳列や棚の欠品を検出する仕組みをアイランドシティ店で実験的に行っており、欠品による機会損失を防ぎ、そして従業員の労働環境を含めて、トータルでＳＣＣを行っていきます。ＳＣＣでは、棚商品の状態や、平台の生鮮品や総菜、動きが激しい牛乳などの日配品を含めて考えていこうとしています。これらは商品の動きが激しく、欠品になる可能性が高い商品と言えます。ＡＩカメラを使って欠品状況を確認することで、より効率的なＳＣＣを実現できます。

さらに、適切な時間帯に、適切に品出しをして、生鮮などの商品が、あるべき時間帯にきちんとある、というベストな状況にしていくことでチャンスロスを防ぎます。また、逆に商品が多すぎる状態であれば、廃棄ロスを出さないためにも、適切なタイミングで値下げを行い、適切なアクションを起こせるようにプログラムを考えています。AIカメラを活用することで多くのお客様のニーズに応えるとともに、弊社のイメージをポジティブなものにでき、企業のブランド戦略においても有効に働くと考えています。

現在、カメラ画像をAI分析してマネタイズすることに関して、多くの仕掛けを開発・実験をしている段階です。今後は商品棚で映像を撮るだけでなく、撮り方をコントロールし、目的に応じて映像を獲得・分析しながら戦略に必要な数値を得ることで、売上の改善や経費の削減を行い、生産性の効率化を図ろうとしています。

アイランドシティ店に配置しているカメラは、現在型落ちのスマートフォンで代用しています。CPUネットワーク機能や、ある程度精密なセンサーのカメラを搭載していることを考えると、低コストで十分なパフォーマンスを得られてはいますが、研究開発を行い、棚管理AIカメラを1台、5000円程度で作れるようにしていこうと考えています。

②ショッパーマーケティングとサイネージ

ショッパーマーケティングにおいて、買い物中のお客様に働きかけをするAIインフラとして活躍するのが「サイネージ」です。AIカメラでお客様の行動を観察しながら、最適なタイミングでサイネージに商品の広告を出します。しかも、サイネージは、対象となるお客様が「欲しい」

と考えている可能性のある商品や、まだ本人も認識していない「潜在的に欲しい」と思っている商品を表示できるようにしていきます。サイネージとは、ディスプレイやプロジェクタなどによって映像や文字を表示する情報・広告媒体で、視覚的な宣伝効果をもたらすだけでなく、AIカメラと連動させることで、お客様の属性を判断しながら最適な商品を広告することができます。

人間は文字情報を無意識の状態で脳に入れることはありませんが、「画像」は違います。写真のような絵として情報を入れることで脳が活性化し、意識に働きかけることができます。レストランのメニューを考えると分かりやすいと思いますが、文字だけのメニューリストと料理の写真があるメニューリストとでは、「食べたい」と思う気持ちに違いが出てきます。同じことは、買い物中のお客様にもいえます。つまり、商品広告をするサイネージを活用し、「欲しい」と予測される商品の映像を見せ、かつダイレクトマーケティングを実施していくことで、全く同じ価格で同じ情報を文字で示すよりも「ワクワク感」を高めて、楽しいお買い物環境を提供できるようになります。

■潜在需要の呼び起こし

さらに、サイネージを使って、潜在的な需要を呼び起こします。消費者が商品を購入するパターンは、「計画購買」と「非計画購買」とに分けることができます。買ったことがある商品やいつも買っている商品は、既に買い物リストの１つとして消費者が認識しており、このような計画購買の場合、一番便利で安いチャンネルであるネット、つまりＥＣサイトで購入する傾向があります。

一方、非計画購買は、買い物リストには載っていないものの、実際の売り場に行ったときに商品を手に取ってみることで購入の決定に至るというものです。この非計画購買へ働きかける機能としてサイネージを活用します。店外の大型ＬＥＤディスプレイや店内の横長のディスプレイなどとも連携させ、より効果的なショッパーマーケティングと広告の役割を果たしていきます。

非計画購買いおいては、ＥＣサイトよりも、ＡＩインフラを活用しながら実店舗でマーケティングを行っていくほうが購入につながりやすく、これまでＥＣ企業群に侵食されていた市場を、実店舗が逆に破壊していくという新たな構造が得られます。この破壊にサイネージの技術が役立つと考えています。

■ショッパーマーケティングとサイネージの例

ある飲料メーカーと連携して清涼飲料水の棚が並んでいる所に、人の動きを検知できるキネクトセンサーを設置して、実験的にお客様の手がどこにいったかを判断することができるようにしました。キネクトにより、触った棚にディスプレイが表示される仕組みで、この表示されたものをプロモーションとして活用しています。さらに、価格の表示と交互にサイネージで表示させ、お客様の関心を引き、購買意欲をかき立てる戦略を始めています。お客様のプライバシーの十二分な配慮を大前提として、性別や年齢層を感知して、その層に合ったプロモーションのコンテンツを出すことにも、今後取り組んでいきます。

こうした戦略に関しても、アイランドシティ店では一部展開が始まっています。ＡＩカメラで、人の動きに対してプロモーションをかけている棚があり、経過を見ているところです。現時点では、サイネージの前にお客様が立つと広告が表示されるシステムになっています。

このようなショッパーマーケティングを実践していくためには、あらゆる企業との連帯を行っていく必要があり、メーカーとの連帯を「売った・買った」のレベルで行うのではなく、より根本的な問題を解決するために、情報を公開しながらオープン・イノベーションの考えの下、ＪＢＰを展開していこうと考えています。オープン・イノベーションに後述します。

③ショッパーマーケティングとタブレットカート

ショッパーマーケティングで大きな役割を果たすのがタブレットカートです。ＡＩカメラとタブレットカートを活用して、より精度の高いショッパーマーケティングを実現していきます。タブレットカートは、レジレスに大きな役割を果たしますが、マーケティング機会を創造するリテールメディアとしての機能も重要で、リアル店舗の「見えない店内のニーズを顕在化」する役割も担っています。例えば、靴下に穴が開き、靴下を買いにお店に行くと、ごはんの買い物や洗剤に関しても、その場で初めて欲しいと気づくものがあります。これこそリアル店舗が持つ小売業の強みであり、「ニーズの顕在化」といえます。Ｅコマースの場合は、ニーズが顕在化した時点で消費者は商品をカートに入れ、タップし決算すれば、家まで商品が届きます。ＥＣサイトの場合、関連した商品は「おすすめ」できるかもしれませんが、全く関係のない日常品などを「おすすめ」することはありません。一方、リアル店舗の強みであるニーズの顕在化には、ＥＣサイトにはない可能性があります。それは、売り場に多くの商品があり、映像として商品を実際に見て触れて、非計画購買を顕在化させることができる点です。この非計画購買を手助けする役割をタブレットカートは担っています。

カテゴリーごとに違いはありますが、お客様の7～8割が店頭で買い物するものを決めているとされています。そう考えるとダブレットカートにお客様の属性を分析させ、広告をダイレクトに表示すれば、効率の良い広告活動になります。タブレットカートは、単純にレジに並ぶことを解消するだけでなく、メーカー側にとっては、ピンポイントマーケティングやショッパーマーケティングの窓口としてのメディアの機能を持つ、重要なツールになると考えています。

例えば、カートに入れた商品に応じて別の商品を勧めたり、店内を歩いているときに、その日の天気なども考慮した商品を勧めたりもできます。さらに、生鮮コーナーにいるときは、カートに入れた食材を使ったレシピを提案して、関連商品のプロモーションも行えます。また、レジカートにプリペイドカードでログインすれば、いつも購入している商品がカートに入っていないと、「買い忘れたものはありませんか」というような表示をして、買い忘れを防止するなど、お客様にとってより便利な店舗環境にしていこうと考えています。

企業間連帯の取り組み

第四次産業革命を成功に導くために欠かせないのが、「オープン・イノベージョン」という組織間の連帯の在り方です。オープン・イノベーションはデジタル技術が次々と生まれ、需要も次々に満たされていく変化の激しい社会において、なくてはならない組織間の在り方です。

第五章で詳しく述べましたが、日本企業が第三次産業革において、世界に後れを取った大きな原因こそ、「組織の在り方」です。日本は、系列企業間で垂直統合的に組織をつくり上げ、その組織内ですべて事業を行う「閉ざされた環境」で事業を行ってきました。第二次産業革命の時のように、今ほど価値基準が多様化しておらず、1つの商品を大量生産・大量消費する場合には、系列企業的組織は有効に働いたと思いますが、第三次産業革命以降のデジタル化・グローバル化が進み、多くの価値観が生まれた社会において、閉ざされた状態の企業では消費者のニーズを満たすことはできません。結果、アメリカやその他の国に遅れをとる形となりました。

第四次産業革命においては、変化のスピードはさらに速くなり、かつ影響力も広範囲へと及ぶなか、1つの系列企業だけで行えることには限界があり、影響の及ぶ範囲も限定されます。一歩先をいくために、かつデジタルの渦を起こしていくためには、オープン・イノベーションのもと企業間で協力するとともに、それぞれの得意分野を活かしながら、「餅は餅屋に」、すなわち適材適所を組織間で実行しながら、必要な情報を共有していく必要があります。そうすれば、1つの企業では対応できなかった部門へも影響力を広げていけるようになり、より多くのお客様の役に立てるような企業へと互いに成長できると考えています。

次に、弊社で行っている企業間の連帯に関して説明していきます。

①飲料メーカーとの取り組み

1つ目の事例は、ある飲料メーカー（以下Z社）と行っているJBPをベースとした、POSデータ、IDPOSデータ、AIカメラから得られた情報を共有しながら、よりお客様にとって楽しく買い物ができる環境を構築する取り組みです。JBPは、既にアメリカではウォルマートと各メーカーとの間で進んでおり、ウォルマート創業者のサム・ウォルトンは各メーカーに対して「私たちの店舗を、あなたの会社の延長線上において考えてほしい」と述べていました。ウォルマートは売上世界一を誇る企業ですが、サム・ウォルトンにはビジネスにおけるいくつかの信念があり、その1つに、「パートナーに可能な限り情報伝達を行え。情報を与えれば与えるほど、理解が進む。理解が進むほど彼らは懸案を大事にする」というものがあります。サム・ウォルトンは、今から何十年も前にオープン・イノベーションの大切さに気が付き、JBPの名の下に実践していたからこそ、ウォルマートは世界最大の売上を誇る企業になれたのでしょう。

さらに、ウォルマートは2012年からEC部門をはじめデジタル部門戦略を強化しており、小売業の枠を超えて、着実にテクノロジーカンパニーへの道を歩み始めています。弊社もまた、多くの連帯を進めるなかで小売部門とデジタル部門とを融合させながら、リテールAIというデジタルの渦を発生させて、日本全体を元気にしていきたいと強く思います。

■オープン・イノベーションの更なる進化

Z社に提供する情報には、AIカメラを使ったお客様の行動調査があります。もちろん既存の

ＰＯＳやID-POSを使ったデータも提供もしていきますが、店内のＡＩカメラを使ったお客様の購買行動調査を行いデータ化していくことで、「買おうとしたが買わなかった」といった踏み込んだデータを把握することが可能になりました。

具体的なデータとしては「30秒間冷蔵ケースの前で悩んでいたお客様が最終的には常温の棚で買った」という事実を把握した例があります。このような購買中のお客様の情報分析をすれば、短時間しか滞在しないお客様にはどのような販売促進が効果的であるのかといった、より細分化されたマーケティングを実施できます。そうなれば、入店前のブランドインプットを強化するといった、さらなる販売促進が展開できるようになります。

この他、特定の商品をリピート購入する方は、店内にほとんど滞在しないことや、ビールを購入する人の７割が冷蔵ケースから買うこともＡＩカメラの分析から分かりました。これまではＰＯＳデータやID-POSデータを基に購買後の結果を基に、販売促進活動も行っていましたが、このようなお客様の購買行動を具体的に把握・分析すれば、今後はカテゴリーや商品ごとに、購買前のお客様心理に基づいた効果的なマーケティングを行い、必要な情報を必要としている方に届けるピンポイントマーケティングが展開できるようになると考えています。

新商品をメーカーがリリースする際にも、ＡＩカメラでのショッパーマーケティングや、我々が持つＰＯＳデータやID-POSデータを活用すれば、潜在的な需要を呼び起こせます。

ある飲料でピンポイントマーケティングを実施したところ、実施以前の２０１５年に比べて実施後の２０１７年では売り上げが10％増加し、販売促進費も36％減少しました。このように、これまで蓄積したお客様のデータとＡＩカメラを活用したデータとを組み合わせて、ショッパーマーケティングをＪＢＰの連帯の下に拡大していくことで、メーカーと我々だけではなく、お客様にも買い物を楽しんで頂きながら、商品をより効率的に届けることができるというWIN-WIN-WINの関係が構築できると考えています。

②商品管理～ベンチャー企業との連帯～

ここではベンチャーとの連帯の在り方を説明していきます。現在、弊社は数社のベンチャー企業と連携を進めており、ゾーンマネジメントの事例で名前を挙げたフーディソンも一つの事例です。ここではHEROZと行っている棚割の自動化について取り上げて説明していきます。

HEROZは、２００９年にＡＩを活用したサービスを提供する会社として設立され、同社が開発したＡＩ将棋ソフト「Ponanza（ポナンザ）」が２０１７年に電王戦で佐藤天彦名人に勝利したことでテレビにも取り上げられ、有名になりました。

彼らの持つ「盤面を捉え、次の最適な一手を探索する」というアルゴリズムを、商品が並ぶ棚を盤面として捉え、彼らの技術を棚割に応用できないかと考えたのが連携するきっかけでした。HEROZは将棋ソフトの開発が主軸産業であるため、流通関連に関するノウハウはないものの、短期間で名人を破るまでの将棋ソフトを開発し、「ナンバーワン」に育てあげたというアルゴリズムを構築する能力があるため、彼らの技術力と流通のノウハウとをうまく組み合わせることができれば、売上を改善できる棚割を、ＡＩの力で効率的に実践できる可能性があると考えています。

彼らの技術を使った棚割を実践すべく、「ポナンザ」をもじった「タナンザプロジェクト」が2018年4月から始動しています。タナンザプロジェクトのメンバーは、HEROZに加えて卸業者やメーカーなどがメンバーとして、広域的に行われています。このように連帯の輪を広げていけば、広範囲に影響力を及ぼすことができるとともに、多くの波及的効果と可能性を手にできると考えています。では、実際に行われた実験結果を見ていきます。

■実際のタナンザ実験

◆実験対象商品：菓子
◆実験期間：2017年3月29日から2017年6月6日
第一期間・実験1（3月29日から4月11日）（横位置比較※1）
第二期間・実験2（4月12日から4月25日）（縦位置比較※2）
休止期間（4月26日から5月9日）∵大型連休期による変動率考慮
第三期間・実験3（5月10日から5月23日）（AI棚割1フィードバック用）
　↓AIが最適だと考えた配置を実証し、結果をAIにフィードバック
第四期間・実験4（5月24日から6月6日）（誤差削除による検証）
　↓第三期間の結果を基に再学習したAIで実証実験。集計結果は当日発表

◆実験段階でのＡＩレベル

現在、HEROZが棚割りを最適化するために使っているＡＩは、棚割りの蓄積データがなく、「何がベストな棚割りなのか」という分類知識がほぼない状態であるため、「教師ありＡＩ」の状況です。つまり、弊社や卸業者、メーカーの経験値があるエキスパートの方々に最適と思われる棚割りを数パターン出してもらい、そのなかからＡＩが最適だと思うものを選んでいる状況です。

◆実験結果

先ほどの、実験期間の所でも示しましたが、第一期間と第二期間は縦と横の位置による変化を考慮に入れて、ＡＩの調整を行う期間とし、第三期間でフィードバックを行いました。第四期間が、〝本番〟であり、それまでの第一から第三期間の学習効果がＡＩにどの程度反映されるかを見る実証実験でした。実験結果の数値を見ても分かるように、第四期間のＡＩによる棚割りの数値は確実に改善し、かつＡＩ棚割が導入されていなかった他店と横断的に比較しても、その効果があることが分かります。したがって、今回のタナンザ実験は一定の成果があったと結論づけられます。

今後も検証を重ねていく必要がありますが、さらに変数を増やして、フェイスの数や品揃え、売価などの実験パターンを追加していきます。現時点では経験値のある人間による試案の下に、ＡＩが試作を選んでいる状態ですが、今後はＡＩ自身の知識量を増やし、実際にＡＩが棚割を組めるようなアルゴリズムを作成し、ＡＩからレコメンドができる状態へとプロフラムを進化させ

※1横位置比較：商品棚全体の位置を入れ替える

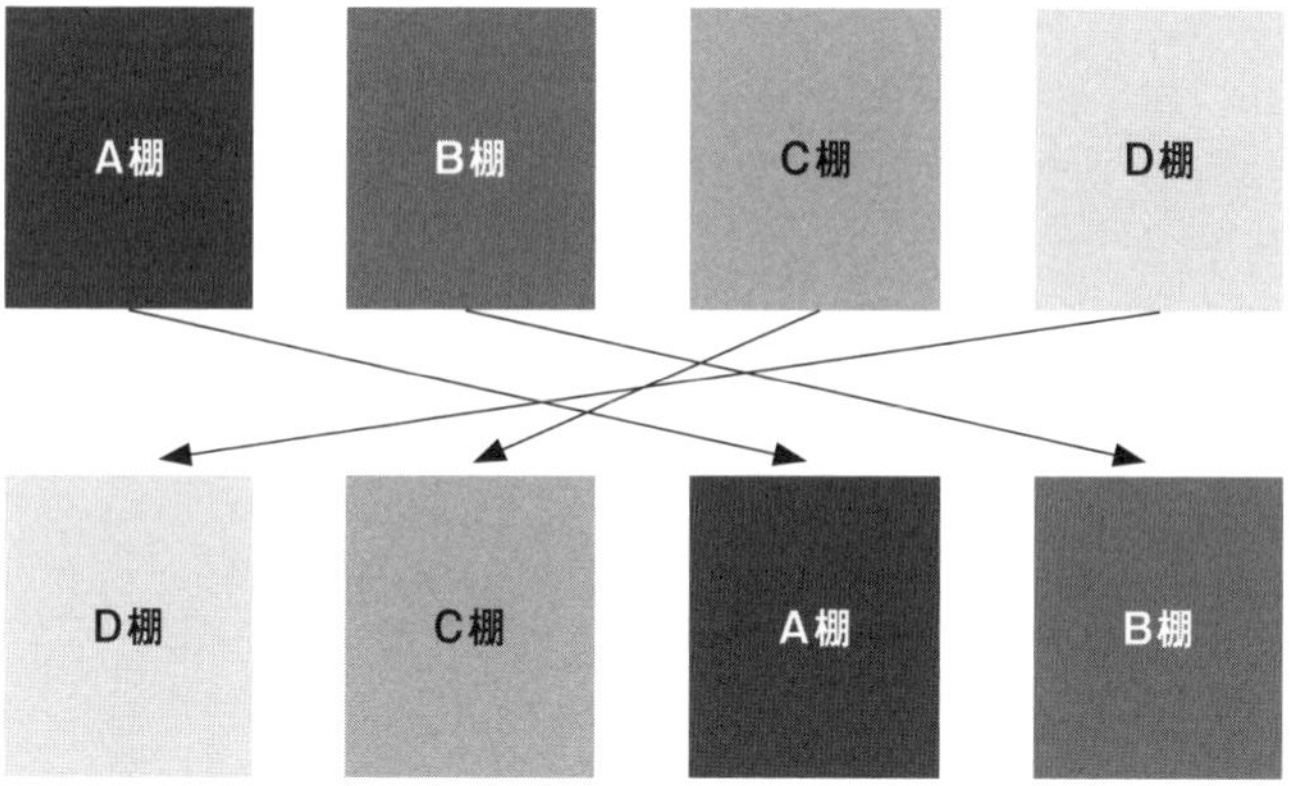

※2縦位置比較：1つの棚の列を入れ替える（横の入れ替えに比べて数値が大きく変わる）

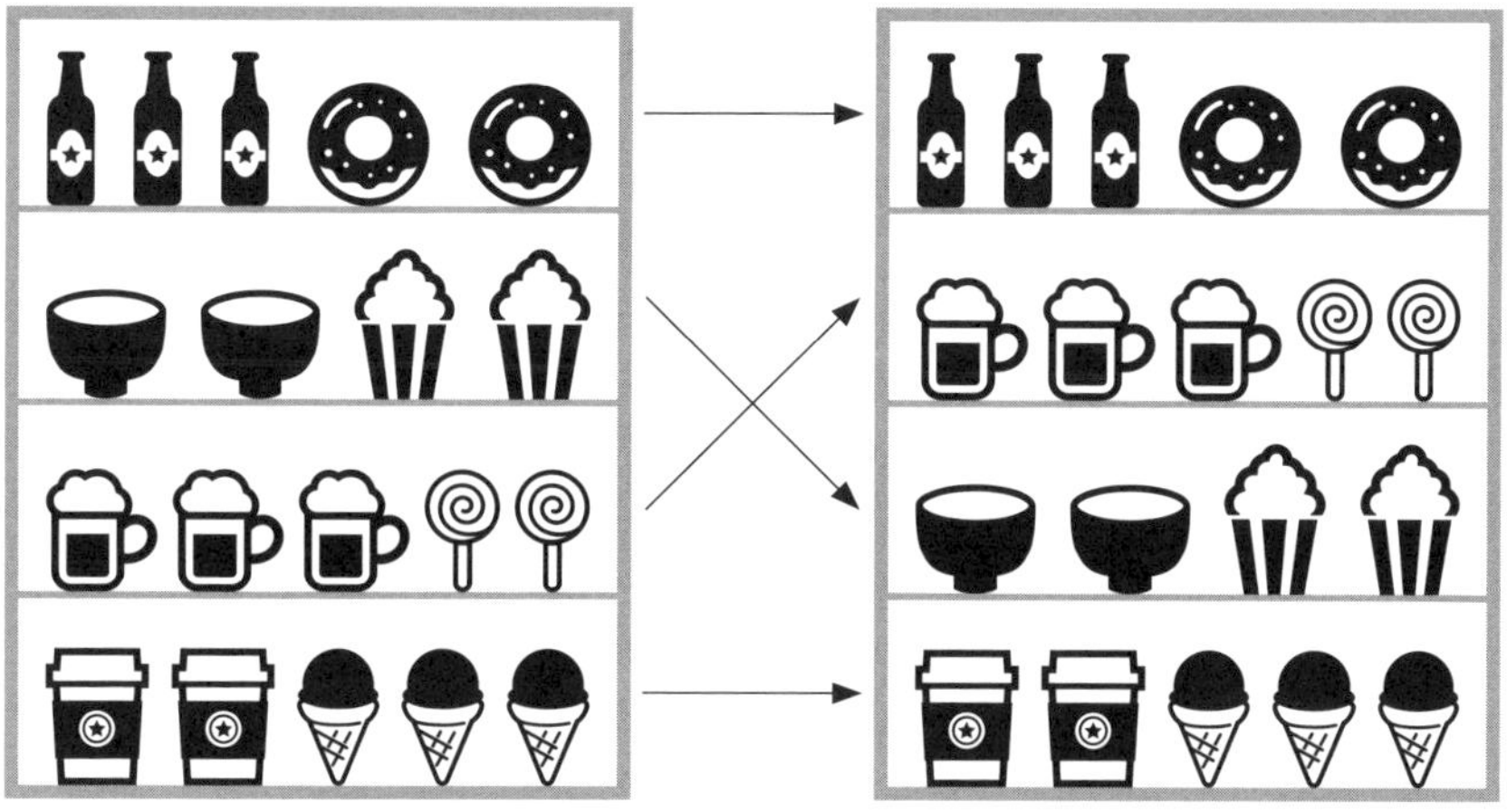

ていきます。また新商品に関しても、新商品の属性を入力すると、商品の強さや棚の位置による売り上げ変化がどれくらいなのかといったことを判断できるようにし、商品管理を進めていきたいと考えています。

こうした知識を積み重ねながら棚割りツールソフトを構築します。商品の属性や価格などの情報、店舗の商圏情報を入れれば、ソフト内のＡＩが考えた商品棚割を実施した場合の１日当たりの売上見込みを得られるようにしていきます。

③商品管理～メーカーとの連帯～

商品棚割りに関しては、多角的側面からあるメーカーとの棚割りＡＩ化も行っています。このメーカーを仮に、「Ｘ社」とします。このＸ社は、棚割り以外にもクラウドを活用したオープンソースの構築や、機械学習を利用した商品のレコメンドなども研究していますが、ここでは商品棚割りに関して取り上げていきたいと思います。

Ｘ社がＡＩを活用して行おうとしている棚割りの商品管理は二段階あります。第一段階が、品揃えの最適化です。どのような商品が売れるのかをＡＩを活用して選別し、売上の改善を計るというものです。第二段階が、選んだ商品をどのように棚に並べると、トレードアップ(3)が実現できるかというものです。

(3) トレードアップは、ある店舗で取扱う商品を、普及品から中級品に、または中級品から高級品にランクアップすること。商品トレードアップする事で、利益率を改善する事ができる

◆実験結果

	A店	B店	実験店
実験前	+0.89%	+1.62%	-2.93%
実験1	+1.11%	-0.69%	-0.82%
実験2	+1.06%	-0.99%	-0.43%
休止期間	-0.31%	-1.27%	+1.76%
実験3	+0.06%	+1.27%	-2.24%
実験4	-3.69%	+0.29%	+4.80%

※この図は実験結果を基に、期間変動や店舗差異を除外後の売り上げの増減値を算出しています。

■第一段階：品揃えの決定

品揃えに関しては、ＡＩクラスタリング分析手法を活用します。Amazonなどでも利用されているレコメンドエンジン(4)を活用して、既存の品揃えからIDごとに購買されやすいＳＫＵ(5)を予測します。ＳＫＵごとに潜在顧客のＩＤリストが生成されるので、潜在顧客のＩＤが重複しているＳＫＵをグループ化して商品を分析していきます。例えば、同じ属性の商品ＡとＢがあり、Ａ商品もＢ商品も月間１００の売上があったとします。しかし、この２つの商品を購入した人のＩＤを調べた結果、ＩＤの重複している人が80人いました。つまりＡとＢの商品は同じ80人が買っており、１つだけ商品を残して、他の商品を店頭に並べた方が売り上げが伸びると考えられます。

このようにペアになったＳＫＵは潜在顧客が同じなので、どちらのＳＫＵでもよいと結論づけられます。逆に、ペアにならないＳＫＵは他に代替可能なＳＫＵがないので、カットすべきではないアイテムと考えることができます。

そして、これらの分析で出されたデータからＳＫＵが多過ぎるために欠品が発生しやすいカテゴリーでは、ＳＫＵを削減して売上ロスを最小化しつつ、陳列量を増やして欠品による機会ロスを減らすという対策につなげることができます。利益率の低いＳＫＵと高いＳＫＵのペアがあった場合、高いほうを残すことで利益を向上させられます。

(4) 全購買履歴を学習し、買われそうな商品をランク付けするもの

■第二段階：商品の陳列

第一段階で選んだ商品を、実際に棚に並べていくのが第二段階です。ID-POSからトレードアップが見られたＩＤとＳＫＵの組み合わせを抽出します。例えば、Ｙさんというお客様がいたとします。Ｙさんはいつも69円のお菓子を買っていましたが、あるとき95円のお菓子を購入されました。このときの棚を見てみると、95円のお菓子は棚のゴールドゾーンと呼ばれるお客様が手に取りやすい場所に位置していることが分かりました。このような情報をＡＩカメラや棚割り台帳から割り出し、トレードアップされたＳＫＵの棚位置を特定していきます。そして、棚位置を画像に変換し、ＡＩにトレードアップを促す棚位置を学習させていくことで、ＡＩがトレードアップに最適な棚位置を提案するシステムを構築しようとしています。この大量の棚位置を画像生成して、ＡＩを訓練するソフトはGoogleのTensorFlowを用いて、Ｘ社の技術者が作成したものです。

このようにトレードアップがうまく行ったカテゴリーを数値化し分析すれば、トレードアップに最適な棚位置を学習できるため、他の既存カテゴリーの棚割りにも適用することが可能になります。

■現状と今後の課題

現在、多くのデータをＡＩに学習させたことで、ＡＩが棚割りを算出してくれる段階まで来ています。今後はトレードアップだけではなく、新規や併売などの変数を増やして、効率化だけで

(5) SKUとは、Stock Keeping Unitの略で、受発注・在庫管理を行うときの、最小の管理単位をいいます。同じ商品でもパッケージ、入り数などの違いで区別し、アイテムよりも小さな単位に分類します。例えば靴で、カラーが4色あり、サイズがS・M・Lの3種類ある場合、「12SKU」と数えます。物流においては、基本的にSKUで在庫管理を行うので、新たに物流設計を行う時や、物流設計を見直す時に、SKU数は必ず把握しておかなければならない項目の一つです。

はなく、パターンを生成するクリエイティブなＡＩを実現して、お客様の快適なお買い物環境を提供していきたいと思います。

この棚割りを担当してくれているX社のＩ氏は「現在、このようにＡＩを現場に活用できているのは、TensorFlowなどのオープンソースが多く出ているからだ」と言います。実際にGitHubというソフトウェアのデベロッパー集団では、２８００万人のエンジニアが無料でオープンソースを公開しており、急激にオープンソースは広がっています。

このようなオープン・イノベーションが進んだことにより、現在は業界や規格に関係なく超低コストでＡＩ事業に参入できる状態です。Ｉ氏は「Spark + AI Summit」という会合に参加したそうですが、この会合は参加費10万円前後にも関わらず、３０００人もが参加していたといいます。Ｉ氏は「非デジタル業界も多く参加しているのを目の当たりにして、圧倒的なスピードで進化するＡＩの世界を感じることができた」と嬉しそうに話していました。

何度も述べていますが、小売・流通業界だけでなく社会全体に大きな変化が起こっています。人口減少により市場が縮小し、さらにEコマースの急速な成長により、既存のリアル小売市場は30年後には半分になると考えられています。この大きな変化は、小売業だけではなくメーカーや卸にも及び、避けることはできないでしょう。この変化に対応しなければ、既存の小売・流通企業は生き残ることはできません。同じことは製造業や他の部門にもいえます。

弊社はＡＩ技術と出合ってこれを具現化できる人材を獲得するなかで「リテールＡＩ」と言う戦略を掲げ、この大きな変化に挑もうとしています。創業期から行ってきた独自のシステム開発や、中国の技術者体制なども併せて、変化の時代に生き残る企業として、スマートストアをリアル店舗で実現するため、店舗全体でＡＩインフラを活用したアイランドシティ店を旗艦店としてオープンさせました。ＩＴとＡＩの活用が、リアル店舗内で実現することにより、お客様が「便利」で「楽しい」と思えるような購買体験の向上を実現しただけではなく、店舗マネジメントの効率化も行いながら、総合的な現場の効率化を実現していこうとしています。また、このＡＩ技術を高度に使いこなすことで、経費率１０％以下で運営できるスーパーマーケットの「トライアルクイック」をオープンさせます。

Amazonや、急成長を続ける中国のＥＣ事業を行うアリババは、近年実店舗への進出を行っています。なぜ、ネットのなかで成功を収めた彼らが、実店舗の展開を目指すのでしょうか。それは「マス・パーソナリゼーション」を達成したいと考えているからです。マス・パーソナリゼーションとは、一人ひとりのニーズにより合致した商品を購入してもらう仕組みを提供するとともに、その購入頻度を上げ、かつ同様の仕組みを、さらに多くの人々に展開することで、より広範囲に顧客層を拡大させるというものです。ネット市場だけでは、顧客層の拡大や購入頻度を高めることは難しく、そのためネットビジネスを展開している企業は実店舗に着目しているのです。Amazonの「Amazon Go」や、中国の無人コンビニなど、いまスマートストアが話題になっています。確かに、これらが行っている最先端の技術の活用には目を見張るものがありますが、運用面の問題が全てクリアになっているとは言えません。こうした自動化ストアと比較したときにトライアルグループのスマートストアは、広い店舗で実現可能で、コストの範囲内でも多店舗展開と顧客満足の実現を可能にしていることが強みであり、弊社が差別化を図っていくために進むべき道だと思っています。

私は、現在のビジネスを始めるときに「ＩＴで流通・小売りを変えてお客様の役に立つ」というビジョンを掲げましたが、多くの人に白い目で見られ、批判されました。しかし、こうした批判を受けながら事業を30年以上続け、今はＡＩという新しいチャレンジを行えるまでに成長しました。批判するのは簡単です。自分は何も行動せず、相手が動いたときに、その動きを否定すればいいだけだからです。私は、批判する人間ではなく、批判される人間こそが、常識を打ち破り、新しい世界を作っていけると確信しています。

この本を読んでくださっている方々も、ぜひ自分自身で行動を起こし、「批判される」側にきてください。大企業の場合は、大きく組織を変えようとすれば必ず反対勢力が現れ、批判されます。その批判をはねのけるような強い信念とビジョンを持ち、ＡＩの知識を身に付けて戦略を立案し、反対勢力を説得できる力を得てください。そのためには、「世の中をよくする」という正義への執着心と、その実現に向けた関連知識を習得することが不可欠です。その知識を基に、新しい組織や人材教育や投資を実践していく決意をかためるための第一歩に、私の本が役に立つことができれば、非常に嬉しく思います。

最後に

本書を書くに当たり、私は非常に迷いました。なぜなら、リテールＡＩマネタイズ戦略関連を説明するには、専門用語が多く、難い言葉のオンパレードで、論文のようになってしまい、私の意図が伝わるのか心配していたからです。

創業からこれまで、私は徹底した帰納法論者として、ビジネスを展開してきました。そして、常に心がけてきたのは、自分の戦略や仕事に対する思いを「分かりやすく何度も繰り返し伝える」ということでした。難しい言葉を並べて自分の知識をひけらかすような態度をとる人物が苦手でしたし、なぜわざわざ難しい言葉を使って説明しているのかと疑問を持っていました。難しい言葉を使って格好をつけたとしても、相手に伝わらなければ意味がありません。だからこそ、社内で行う講義や関係者に説明をする際は、分かりやすい言葉に置き換えて、冗談を交えながら話すようにしてきました。

しかし、本書が取り扱うリテールＡＩマネタイズ戦略関連の項目は、そうはいきませんでした。リテールＡＩマネタイズ戦略自体が、これまでにない新しい技術や内容であり、専門用語を分かりやすく分解したり、簡単に置き換えることができない上に、リテールＡＩマネタイズ戦略を実践していくためには、必要最低限のマーケティング知識や第四次産業革命の技術などの知識がどうしても必要だからです。内容が難しくなり、かつ本の中では冗談をいうことはできず、概論的に説明せざるを得ない部分があるため、難しく感じる表現があったり、日本語では伝え切れない用語をカタカナで表記する部分が多くなったりと、「気取った文章」になってしまっているのではないかと心配しています。

ただ、難しい用語や理論を取り上げなければならないことは、リテールＡＩマネタイズ戦略を取り上げる本を書くと決めた時点で分かっていたことでした。それでも批判を覚悟の上で、私がこの本を書いた理由は「大きな危機感」を持ったからです。

このまま「何となく」第四次産業革命やＡＩの事を理解している状態では、実際の戦略を立案し、収益化することなどできないという「危機感」です。さらに、このまま第四次産業革命を「何となく」理解しているだけでは日本が世界から取り残されてしまうという危機感もありました。確かに、一部のベンチャー企業ではＡＩ技術やネットワーク技術を駆使して、新しい産業に挑戦している企業もありますが、依然として大企業では本格的に第四次産業革命の可能性を認識し、実際の戦略に取り組んでいるとは思えませんでした。

これから本格化する第四次産業革命には、組織内の新しい適材適所とともに、組織間の適材適所が必要になります。１つの企業でできることには限界があり、組織間でそれぞれの長所を活かしながら大きな輪をつくっていかなければ、第四次産業革命の大きな渦に対応することはできません。大企業は資本やインフラ、情報の蓄積を活かし、ベンチャー企業は、創造力や技術力を活かしながら、オープン・イノベーションの下に連帯していく事で、その可能性を何倍にも何十倍にも広げていけると考えています。

第三次産業革命のとき、私はパソコンやITの可能性に気が付いていました。しかし、その気づきを結果にはつなげることができませんでした。日本は、第二次産業革命の電化製品によってもたらされた日本企業の優位性に安心感を持っていたこと、そしてバブルがはじけ、既存ビジネスは対応に追われ、新しい産業であるコンピューターに取り組めなかったことで、「Japan as Number One」と言われた約10年後の１９９１年から「失われた20年」へと突入していきます。「たられば」で話をするのは意味がありませんが、もし日本経済がバブル崩壊後に第二次産業革命の成功事例を見直し、第三次産業革命に対応すべく、それまでの系列的組織体制を改革して、コンピューター事業を行っていれば、日本は世界コンピューター事業のアドバンテージを握り、違った形で世界経済に影響を与えていたかもしれません。この第三次産業革命の失敗から、我々は学ばなければいけません。第四次産業革命が本格化する今こそ、「失われた20年」を反省し、「考える」ことを始め、実際に現状を変えていかなければいけません。

正直に言えば、こうした本を書かず、粛々とリテールＡＩマネタイズ戦略を進め、「結果」を出す方が私らしいと思います。しかし、このような私の気持ちよりも、大切なのは「お客様の役に立つ」というビジョンです。日本全体で第四次産業革命の影響力を認識し、全体として取り組んでいくことが「お客様」のためになります。だからこそ、漠然と「ＡＩ」や「第四次産業革命」を知っている状態ではなく、どのように活用できるのかを皆さんに知ってもらいたいと考え、本を出すことにしました。

日本企業や個人が、第四次産業革命と言う大きな波に対して、ただ漠然と認識するだけでは、戦略を立案することは不可能です。しかし一方で、日本は第四次産業革命をリードできる可能性があります。２０１８年6月13日に行われた弊社主催のベンダー説明会で、東京大学の松尾教授は、「ＡＩが進化している点はコンピューターが『目』を持ったことで、この目を活用しながら現場の作業を効率化していくべきである。この『現場改革』にこそ、日本のＡＩ産業の勝算がある」とおっしゃっていました。

現在、ＡＩ投資に関して日本は、中国やアメリカには到底かないません。日本がＡＩ産業においてインセンティブを握れるかどうかは、現場に蓄積されたデータをオープン・イノベーションのもと活用しながら、コンピューターやハードへと適用させながら、より優れたＡＩという「目」をハードに持たせ、現場の作業オペレーションの効率化・最適化ができるかにかかっているのだと、松尾氏のお話を聞いて確信しました。多くの日本企業には、事業で積み重ねてきた膨大な「情報」があります。情報は今後の社会において、ＡＩの精度を上げていくために必要不可欠で、かつ重要な要素になり、武器ともなります。しかし情報を活用するためには加工し、コンピューターが利用できる状態にしなければなりません。この「利用」に際して、関連する企業群で情報を共有・加工した上で、ＡＩなどの技術を駆使しながら事業を行っていけば、お客様の潜在的なニーズを呼び起こし、満たすことができ、新たな市場の創設にもつながります。

弊社のリテールＡＩ戦略まだまだ始まったばかりです。日本は第三次産業革命のコンピューター技術のインセンティブを、第二次産業革命の成功事例に甘んじて変化に対応できず、握ることはできませんでした。変化しなければいけない時代であるにもかかわらず、昔の成功事例が「しがらみ」となり日本経済をからめとっている状況をどうにか変えたいと強く思っています。

変化することは、今あるものを壊すことにつながり、非常にストレスを伴いますが、変わらなければなりません。このままの日本式大企業体制では第四次産業革命には対応できません。なぜなら大企業の経営陣が、第四次産業革命によってもたらされる影響や、ＡＩの進化を明確に把握しきれていないために、効率的なＡＩ戦略や投資が行えていないからです。日本が勝てるＡＩの部門は「現場」との連携にあると述べましたが、そうであるならば製造業は大きなチャンスを迎えます。しかし、いまだに研究所などの箱もの投資で満足してしまい、技術や人材への投資ができていません。

グーグルなど世界を席巻しているＡＩプラットフォーム企業は人材に対して惜しみなく投資を行っており、その「人材」の価値は一流のスポーツ選手並みです。さらに日本企業の欠点として、箱ものやスーパーコンピューターなどのハードに対しては、数億円と惜しみなく投資しているにもかかわらず、日本の企業体制である年功序列が邪魔をして、人材への投資ができていません。日本の系列事業的大企業体制のままでは、確実に世界に負けます。

日本が持つ技術力のポテンシャルを最大限に活かすためには、外部との連帯など、組織を柔軟に、かつスピード感を持って改革していく必要があります。リテールＡＩという最先端技術を駆使した戦略を行っていく上で、世界にその技術を広めて人々の役に立つには、さまざまなネットワークが必要であり、１つの企業で行える範囲は限られたものになります。この範囲を拡大していくためにはオープン・イノベーションが重要であり、ニーズを敏感に察知し即座に対応できる実行力が必要になります。全く新しいマーケティング技術やマネジメント技術についての知識を皆さん一人ひとりがビジネスの本質を見据えながら深めていかなければ、日本の未来はありません。

私が、もどかしく感じるのは、日本に第四次産業革命のインセンティブを握るだけの十分な能力があるにもかかわらず、40年ほど前の第二次産業革命の時の成功事例にあぐらをかき、その成功事例が鎖となって変化に対応できない状況にあることです。確かに日本は、戦後復興期において、奇跡的な経済成長を遂げました。この事をなし得た日本人を誇りには思っていますが、栄光だけでは成長できません。成功事例にしがみつくあまりに変化に対応できない人材や企業が大量に発生している現状を、「今」変えなければ、手遅れになります。「今」変わることを始めれば、世界の人々の役に立つビジネスを展開することができます。

現在、ＡＩによる自動車の運転技術自動化に企業がこぞって参入し、約２００兆円の市場を取り合っています。その一方、３０００兆円を超える市場規模のあるリテールＡＩは未開の地です。この未開の地を、弊社が持つビッグデータとＡＩインフラ、そして大企業とのコネクションや小売・流通のメネジメントの経験値、ベンチャー企業の技術力や発想力と連帯しながら、オープン・イノベーションの下に「お客様の役に立つ」戦略を実施して、世界を変えていきたいという強い意志を持っています。しかし、弊社だけでは「世界を変える」ことなどできません。皆さんの力が必要です。この３０００兆円市場の中にあるリテールＡＩ産業は、時価総額１００兆円のアップルを超えるポテンシャルがあるのではないでしょうか。

日本の各企業が持っている情報を集約しリテールＡＩに取り組む企業群を形成できれば、この時価総額３０００兆円市場への参入が連合体で行え、世界を大きく変えていくことができます。

「小売業であるトライアルの創業者が何を言っているんだ」と白い目に見ている人もいると思います。確かに、リテールＡＩ戦略がどうなるかは、私には分かりませんが、「どうなりたいか」は明確に分かっています。そのために、何が必要なのかも常に考えています。

第二次産業革命時の日本企業の経営陣は「世界を変えるために、自分たちがやらなければ」という強い意志のもと、敗戦国というレッテルを貼られながらも果敢にビジネスに挑み、変化に対応しながら世界へと進出したからこそ、「Japan as Number One」という言葉が生まれました。

第四次産業革命が始まった今こそ、私たちは先人のように「世界を変えるためには、自分たちがやらなければ」という気持ちを持たなければなりません。ただ、私たちがいるのは「ぬるま湯」のような環境です。変化に対応しなくても仕事は何となく存在し、市場が縮小してはいても、自分たちの世代は現状を守ればいいと考えてしまうような環境であるが故に、一歩を踏み出せずにいます。日本経済は緩やかな地盤沈下のなかにあり、このままでは確実に地の底に沈むことになります。しかし、幸いにも気が付くことができました。まだ間に合います。日本の持つ技術力を最大限に活かしていくためにも、「今」変わらなければなりません。

私は「お客様の役に立つ」という変わらぬビジョンの下、日本をリテールＡＩ戦略で良くしていきたいという強い思いがあります。リテールＡＩという３０００兆円の可能性がある新たな産業を構築することは、弊社が利益を上げるとか売上をあげるなどという、そんな小さな問題ではなく、日本経済全体の活性化を目指しています。本を書くにあたり、「そんな詳しい戦略まで書いていいのか」と聞かれましたが、私が見据えているのは、弊社が利益を上げることではなく、組織間で協力して、オープン・イノベーションを実施していくことです。つまり、この本が「オープン・イノベーション」を形成する第一歩になることを願い、私の今の考えをまとめました。

今後、既存ビジネスで得られた利益をリテールＡＩ投資に充てていきます。もちろん会社の売上や利益も大切ですが、長期的に見たときに、この投資が非常に重要になることは、これまでのお話で分かっていただけたと思います。「意志のない所に、道はない」と言いますが、その通りです。「何となく」では「道」はできません。「日本に真の豊かさを」という強い想いの下、リテールＡＩマネタイズ戦略をさらに進めていきます。それが、私の生きるエネルギーです。

リテールAI最強マネタイズ

2018年8月27日　第1版第1刷発行

著者　永田久男

発行者　藤井省吾

発行　日経BP社

発売　日経BPマーケティング

〒105-8308 東京都港区虎ノ門4-3-12

装丁・制作　加藤恵／AD　小林慶一　谷本里奈〈エステム〉

印刷・製本　図書印刷株式会社

ISBN978-4-296-10053-8　Printed in Japan

本書籍に関するお問い合わせ、ご連絡は下記にて承ります。
http://nkbp.jp/booksQA